I0838873

Educar es formar buenas personas

Jesús Helí Giraldo Giraldo

Dedico esta obra a quienes trabajan por
la paz y la convivencia, por el buen
trato a los niños, a las niñas y
adolescentes, por el respeto a la mujer y
a los más débiles, a los líderes sociales,
afros e indígenas y a quienes hacen de
su vida un canto a la compasión y el
servicio a los demás

CONTENIDO

HISTORIAS DE SOBREVIVENCIA 1

LECCIONES DIFÍCILES DE APRENDER 6

HOSTIGAR ES ACTITUD PERVERSA 15

    DEL ACOSO A LA VIOLENCIA 27

COMPASIÓN ES REFLEJO DE BONDAD 38

    SU DOLOR HUBIERA SIDO EL MÍO 48

EL MAL SE PROPAGA MUY RÁPIDO 56

    ERA SU EMOCIÓN, NO LA MÍA 67

LA VIOLENCIA ES EPIDEMIA LETAL 82

    EL BAILE DE LAS VELAS 92

LA OPRESIÓN INVADE Y CONTROLA 99

    UNA LUZ EN LA NOCHE OSCURA 106

EN EL MATONEO SUFREN TODOS 117

    LA VÍCTIMA REQUIERE APOYO................117
    PRISIONERO DEL ODIO..........................125

TRES VIRTUDES PARA SER FELIZ.................139

    1-   AMAR ES RESPETAR LA VIDA 139
    2-   EL PERDÓN LIBERA 143
    3-   DAR GRACIAS POR TODO................148

GRANDEZA A NUESTRO ALCANCE..............155

Historias de sobrevivencia

Agradezco a mis amigos, aquí presentes, la convocatoria para hablar de nuestras vidas, por fin nos encontramos después de tantos años, amigos con hermosos recuerdos compartidos en la niñez y juventud, a pesar del tiempo hemos logrado conservar nuestra amistad viva

Más importante, aún, me parece la temática a desarrollar, es una brillante idea compartir nuestras historias de sobrevivencia, de resiliencia, la forma de sobreponernos a medios hostiles, afrontando vicisitudes de toda índole impuestas por las dificultades de la convivencia expuesta al matoneo o bullying, característico de una sociedad que se acostumbró a resonar en esa frecuencia, no sé por qué, pero somos propensos a aprender fácilmente lo malo, esa es la realidad a pesar nuestro.

El mundo con todas sus violencias está expuesto al naufragio provocado por la agresión del matoneo, verdadero imperio del mal, tenemos que abrir campo a las virtudes y con ellas al espíritu del bien que responda a una comunidad de buenas personas, platónica aspiración, pero no de imposible concreción, al menos no es perjudicial para nadie, que sea nuestro ideal y pinte de bondad el paisaje de los propósitos comunes.

¿Cómo hemos llegado a nuestra realidad presente, mirar hacia atrás y divisar las escenas vividas en el vasto teatro existencial? Ver cómo fueron dejados los obstáculos en el camino, las amenazas de la vida vencidas, la fortaleza surgida de ella misma, experiencias peligrosas superadas en forma inexplicable, el hecho de haberles ganado la batalla significa que la vida es un milagro, no sólo vivimos, digamos más bien, sobrevivimos.

Resaltamos la sobrevivencia, homenaje a la vida y gratitud por nuestra supervivencia al coronar exitosamente diferentes situaciones catastróficas y violentas.

Estoy fascinado con todas las experiencias de vida escuchadas hoy, sólo admiración y felicitaciones se me ocurren para todas las historias ejemplares que cada uno de nosotros representa. Sorpresa fascinada es la maravilla de cada manifestación de vida experimentada en el vuelo de la imaginación de héroes anónimos no reconocidos, generalmente ignorados, olvidadas las novelas de nuestro existir grandioso, no escritas todavía.

Es necesario admitir que la historia de nuestra jornada temporal en el espacio de vida, en esencia efímera, en nuestro tránsito individual, reviste caracteres de heroísmo, odiseas realmente milagrosas, debemos manifestar la gratitud por estar vivos disfrutando horas extras, amar y perdonar, cada espacio y fracción de tiempo representan un favor concedido a la confianza en el futuro y persistencia en las acciones.

Mis experiencias personales, igual a las de ustedes, revelan condiciones sociales no superadas aún por el colectivo humano, oportunidad apropiada para poner el dedo en la llaga y de manera consciente buscarle curación al dolor que, ojalá, no vuelva a repetirse.

Educar es formar buenas personas, búsqueda imparable de la armonía e inculcarla en los niños y adolescentes, responsables de propiciar el cambio enfocado en la bondad que la humanidad merece.

Me comprometo a recoger del conversatorio las mejores ideas y sugerencias relacionadas con las virtudes de las buenas personas, resumirlas en una propuesta para el mejoramiento de las relaciones humanas, transformadas en motor de búsqueda de la armonía, por ello el mensaje implícito en el nombre de este libro: *Educar es formar buenas personas*.

Lecciones difíciles de aprender

Al concluir mi segundo año de primaria fui llevado a pasar vacaciones a la finca del pariente, así nos referíamos a ese amigo de la familia que vivó desde pequeño en casa de mis padres, grandes extensiones de café se veían a su alrededor, también era gigante la edificación para el beneficio y procesamiento del grano.

Al levantarme, al día siguiente de mi llegada, vi un papel debajo de la puerta principal, una oportunidad de practicar mis lecciones de lectura lo cual me resultaba muy placentero más no el mensaje escrito, se trataba de una carta abierta remitida por enemigos desconocidos, recuerdo lo más grave de ella, al saludo de buenos días seguían una serie de términos irrepetibles, amenazantes, ofensivos y grotescos, algo más alarmante lo constituía el plazo para desocupar la región, eran quince días, exactamente el tiempo programado para mi descanso escolar.

Algo similar había sucedido en una vereda vecina, los responsables de la finca no quisieron desocupar y, la noche anunciada en la misiva amenazante, llegaron los malhechores, quemaron la casa con personas adentro y todo lo que tenían, difícil panorama nos esperaba.

-Me parece muy extraño, decía el pariente, yo pago la cuota a la banda que domina la región, eso lo hacen es con las personas del otro partido político o sospechosos, pero yo vengo recomendado por quienes dirigen mi partido en el pueblo, todos los copartidarios me conocen hace años, somos de los mismos, es decir no hay motivo para que sospechen de mí y menos para que quieran sacarme de aquí. Diciendo esto decidió emprender la búsqueda de los jefes de la banda, no tuvo que ir muy lejos, éstos le aseguraron que el problema no era con ellos y que no temiera, le ofrecían todo su respaldo y protección. En su actuar extorsivo hacían ver las circunstancias más complicadas para justificar su presencia y el respaldo al campesinado temeroso a una supuesta invasión de los enemigos políticos, la víctima creía que habían aparecido sus salvadores.

En cada territorio ejercían autoridad los bandoleros, grupos armados del partido dominante en la región, constituidos para limpiarla de adversarios, un país de islas, a cada una entraban únicamente los del mismo bando, con sus armas ellos eran los responsables de que eso se cumpliera.

Los partidos tradicionales eran relacionados con colores, azul y rojo, uno sólo podía brillar, así era ejercido la política en el país, zonas eminentemente azules y en otras imperaba sólo el rojo.

La violencia entre los dos bandos antagónicos imperó en los campos y zonas urbanas alejadas, dejó miles y miles de muertos durante más de diez años, el debate de ideas fue reemplazado, en regiones rurales apartadas y desprotegidas, por la eliminación física del opositor político.

El asesinato de un gran caudillo nacional en la capital del país encendió los ánimos y tiñó de sangre las zonas campesinas, sus seguidores declararon guerra a muerte a los adversarios y éstos se defendieron usando las armas añorando el poder que habían ostentado en épocas anteriores y, en estos momentos, a punto de reconquistar, el miedo y la venganza fueron los protagonistas, muerte y miseria las consecuencias para la patria, agresión y desconfianza invadieron el espíritu de la colectividad nacional.

Mi padre y mis hermanos mayores, aún muy jóvenes, desafiaban el peligro y exponían su integridad en defensa de los amigos personales pero adversarios en política, perseguidos o amenazados de muerte.

-La amistad y la vida están por encima de cualquier ideología, ser buena persona se manifiesta en el respeto al pensamiento ajeno, sostenía mi padre y lo repetían sus hijos.

Ante el grado de retaliación política imperante en el país no era extraño el peligro al que nos exponíamos, aunque ya en el pueblo yo había visto muchos cadáveres que traían de zonas rurales, hombres asesinados por no ser del color imperante en la zona en la que intentaron asentarse, terribles lecciones aprendí a mi corta edad, hombres armados eran vistos de día y de noche cerca a la casa, en los cafetales y en el camino al pueblo. El primer sábado de mi visita fui a llevar el caballo al pariente, él lo esperaba en el sitio de llegada del carro, para recoger el mercado, en el camino dos hombres armados, de los mismos que iban a la casa a pedir comida, arepas y gallinas, me pararon y me hicieron preguntas.

El pariente se asustó cuando le conté ya que no traía lo que ellos habían solicitado: municiones para sus armas. Me entregó su mochila con el revólver evitando así que le fuese arrebatado, me ordenó seguir adelante antes del encuentro con los sujetos, se comprometió traerles al día siguiente desde otro pueblo donde iría a misa, las municiones, no podía fallarles, un vecino tuvo que huir de la finca por haberles incumplido.

La noche anterior a mi regreso experimenté una despedida de características singulares, ese día se vencía el plazo dado por los delincuentes anónimos para desocupar la finca, en los residentes de la casa, a pesar de la protección ofrecida por el jefe de la banda, persistía el temor. A medianoche escuchamos las pisadas de hombres que llegaban y se ubicaban en los corredores que hacían marco a la hermosa vivienda campesina. En el interior, conservando el máximo sigilo, en mucho secreto agarramos cualquier tipo de arma disponible, la escopeta, el revólver, cuchillos y elementos de hierro o madera, morir peleando era la consigna. Luego, para nuestra sorpresa, los hombres de afuera se acostaron en el piso, reinó el silencio, a las cuatro de la madrugada el ruido nos revivió el ánimo y respiramos nuevamente, los sujetos se levantaron y salieron de la casa.

-Tuvimos que hacerlo de esta manera, sin que usted ni nadie lo supiera porque nos llegó información del cumplimiento de la amenaza escrita. Así respondió el bandolero cuestionado por el pariente, éste lo trataba sin miedo por dos razones: primera lo consideraba su protector y segunda, ya se había acostumbrado a su presencia siempre llena de exigencias.

Visité de nuevo la finca durante varios años y me acostumbré a ver hombres armados en el camino, no mostraron ningún afán en desmovilizarse a pesar del acuerdo nacional firmado por los dirigentes de los dos partidos políticos para compartir el gobierno sin confrontación armada. La agresión fue la constante y la intolerancia alimentó las mentes sectarias, el hostigamiento continuó y la convivencia cada vez se hizo más difícil, los violentos nunca cesaron su accionar, guerrilla, paramilitares, narcotráfico y bandas ilegales impidiendo conocer la paz.

Hostigar es actitud perversa

¿Qué distancia hay entre el bullying y el matoneo? El primero es un término anglosajón relacionado con el hostigamiento sobre los demás, ejercido generalmente contra los débiles y desprotegidos de manera repetida, comienza con acoso escolar físico o psicológico, verbal, a través de redes sociales, ofensas emocionales y violencia física, reiteradas una y otra vez.

Es el principio de algo desastroso para la sociedad, generalmente termina en grave manifestación de maldad, relacionada con la muerte, cada exponente de este fenómeno va respondiendo a un subconsciente lleno de ignominia, información continua de pensamientos, palabras y acciones repletas de odio, envidia y sentimientos negativos hacia los demás.

Aunque la muerte no esté de por medio, yo quiero referirme en forma genérica como matoneo, comportamiento relacionado desde mis años de escuela primaria con el hecho de aprovecharse de las más chiquitos.

El comportamiento agresivo puede manifestarse en los niños con ofensas verbales o golpes, romper un muñeco, botar la comida, tirarla al piso, pelearse con los hermanos, un puño con su mano todavía frágil y de poco efecto, despúes será con un palo, una herramienta, elementos más duros, hierro, piedra o instrumento cortopunzante, en la adultez ya será con armas más poderosas, llegando al caso de conformar o unirse a bandas armadas, actitud incidente en los gobernantes que utilizan el poder para atentar contra los más débiles, eso es simplemente odio, un veneno interior que lleva al individuo agresivo y violento a querer someter a las malas a los demás y sobre todo a la población más vulnerable.

Las acciones externas son derivadas de un sentimiento interno, lo que vemos es la manifestación de poderosas fuerzas invisibles existentes en la propia intimidad que controlan todo el accionar, emociones negativas que vienen de lo profundo formando un prototipo de personalidad, un modo de ser definido por actitudes específicas.

La emoción negativa puede empezar por temor del niño a ser agredido, expresado en la forma tímida de actuar, el agresor victimiza con ello, comienza a hostigar con burlas ofensivas y proceder desafiante, denigra y ofende, al tímido, considerado un tonto, la estigmatización y el señalamiento definen los objetos de agresión.

Llega esto a concluir en un tipo de temor más grande, al ver al enemigo, el agredido temeroso, huye despavorido y, como el perro que se empecina más sobre quien corre, el agresor se jacta de su poder e inicia la persecución constante sin parar de maltratarlo.

Esto, en el caso de los niños y escolares, aún adolescentes, va a manifestarse con rechazo al estudio, la incertidumbre invade y el miedo se agudiza, condiciones que dan pauta al opresor para aumentar su actitud maligna, el ego inflado y la crueldad encendida se traducen en hostilidad intimidante, verdadera crisis que agudiza la situación

Lo que se hace de manera continua en la infancia madura en la edad adulta, la personalidad es un reflejo de los primeros años, el agresor crece en maldad y acude a herramientas poderosas y dañinas para nuevas circunstancias, el maltrato a los más débiles continúa con mayor vehemencia y jactancia, aumenta el mapa del maltrato y abuso sobre desprotegidas víctimas, el hambriento ego alimentado por codicia aumenta la ostentación de poder.

El agresor no se queda en el simple hostigamiento, expresa sobre el adversario: odio, venganza y envidia junto al complejo de inferioridad con golpes y maltrato en una supuesta superioridad equilibrante de su debilidad interior, acciones incapaces de dimensionar en su desenfreno imparable.

Difíciles momentos infantiles o actitudes aprendidas en la juventud no controladas a tiempo, por parte de padres y educadores, de las autoridades y del medio social, por carencia de autoridad y precaria atención en salud mental y mejoramiento de las condiciones sociales y económicas en algunos casos, las malas influencias en otros envalentonan la actitud agresiva y el fenómeno crece para desgracia de la sociedad.

La debilidad y complicidad de una sociedad dormida y carente de valores constituyen un germen cancerígeno para el cuerpo social, acaba con la vida de víctimas inocentes y opaca a los agresores en su continua huida de las autoridades, de sus enemigos y lo peor aún, de su propia sombra, la conciencia no cesará de reprocharles por mantenerla ahogada en las aguas sucias de la maldad.

Todas estas actitudes dañinas, fenómeno desintegrador de la sociedad humana, surgen en mentes amargadas y resentidas que no han podido perdonar lo que algunas personas o circunstancias de la vida ejercieron sobre ellas, resentidas por su pasado consideran a los demás como si fuesen sus enemigos, los ven en ellos reflejados, buscan la oportunidad de desquitarse del mundo maltratador que los llenó de sufrimiento.

Los humanos tenemos que saber superar la amargura y sentimientos negativos, perdonar a los demás, amar incluso al enemigo, comprender que el resultado de sus actuaciones dañinas complica su propia existencia, su vida e imagen, es un individuo propenso a ir a la cárcel o terminar asesinado por otros más poderosos y malignos, las venganzas sembradas en sus actos terminan germinando y producen cosechas aún peores para su desgracia.

Podemos considerar que todos los hechos violentos constituyen una contradicción al ignorar las condiciones privilegiadas que la vida representa, sólo gratitud debería expresarse por el regalo de estar vivos, es la venenosa soberbia y la codicia implacable lo que brota de la mente invadida por el mal, renuente a cualquier signo de bondad.

Vemos cómo las organizaciones criminales, verdaderas empresas del mal, se aprovechan de niños y jóvenes, los llevan por la fuerza a sus grupos violentos para que hagan daño a sus semejantes sin razón ni conocimiento, esclavitud con servicios sexuales incluidos, vida de terror y humillación a cambio de mínimo beneficio, nunca equiparable con la libertad, implícita en la ética, la moral y el respeto a la vida.

La sociedad se corrompe en el fango asesino que ahoga las aspiraciones de los jóvenes quienes, inicialmente, actúan a imitación, un modelaje diabólico impuesto por el miedo termina alimentando el monstruo de la violencia, grave riesgo para la especie humana.

El agresor puede terminar agredido por vivir en un medio donde solo se respira violencia, allí siempre va a existir alguien más violento que lo puede someter y maltratar, pagando así lo hecho al prójimo, su subconsciente ha sido envenenado, su capacidad de ver el mundo está determinada por el daño a los demás, sucede con los grupos de criminales cuyo trabajo es agredir y matar, navegan en un mar de sospecha, intranquilidad, complejo de persecución y depresión, sentimientos de culpa por las atrocidades cometidas.

El que agrede y mata, elimina una parte de su propia vida, su personalidad se degrada, contradice la ética aprendida en el hogar y en sus primeras lecciones escolares, algo que haya podido conocer de moral controvierte su conciencia, su voz interior y su corazón sufren, aunque no lo manifieste y se ufane de su aparente fortaleza.

En determinado momento va a sentir culpa por el dolor causado y la herida infligida a otros y a sí mismo, un dolor del alma no le dejará gozar la vida, la conciencia lo estará atormentando y, tarde o temprano, en momentos de reflexión, en un duelo, en las enfermedades y dolores, por muy victimario que sea no podrá desconocer el efecto del sufrimiento en primera persona, todos los humanos somos frágiles y vulnerables.

La muerte de un familiar, un ser querido, el abandono y las enfermedades lo harán reflexionar y entender que su paso por el mundo no solamente ha sido en vano, sino que ha constituido irreparable destrucción, accionar contrario a la misión divina de la creación: el amor y el servicio.

El tránsito a la otra vida al rebobinar la película no constituirá nada halagador, como se vive así se muere, mantenemos en continuo proceso de preparación para la muerte, la actitud se manifiesta en cada experiencia personal como parte del proceso de elegir cómo reaccionar en los momentos más difíciles, la transición será muy lenta y dolorosa ante la invasión de reclamos y arrepentimientos por su vivir maligno, al mirar atrás y divisar todos los daños causados y la falta de tiempo para repararlos.

Del acoso a la violencia

En mi juventud vivía yo en un pueblo pequeño, convergían allí tradiciones familiares desde antaño, todos nos conocíamos, en cada calle vivía un tío, una prima, un familiar siempre se cruzaba en el camino, en las calles, en el mercado, en el colegio y en la iglesia, obviamente mezclado con diversas familias pobladoras del campo y zona urbana.

Cerca de mi casa residía una familia cuyo hijo tenía fama de ser muy violento, muchacho peligroso, expulsado del colegio por indisciplinado y por estar amenazando y maltratando a sus compañeros. En la mayoría de las riñas, enfrentamientos y peleas escolares aparecía involucrado, alguien que se atravesó en la fila despertaba su hostilidad y ganas de pelear, enfrentamientos en los juegos y el recreo, su agresividad y violencia eran demasiado notorias y frecuentes, fuera del establecimiento educativo esperaba a sus contrincantes para continuar la pelea que no pudo concluir adentro, el maestro lo impidió o el tiempo fue insuficiente, finalmente los directivos escolares y profesores decidieron que era mejor para la comunidad educativa que ese joven no estudiara más allí.

Estar por fuera del plantel no significó que sus ex condiscípulos hubiésemos encontrado la paz, ahora su agresividad empeoró por la venganza de haber sido expulsado y con la ventaja de no esperar sanciones de profesor alguno, la situación fue más grave para el vecindario y antiguas víctimas de su hostigamiento, más alarmante por el hecho de confirmar que andaba armado con revólver.

Cuando uno es joven mira todo muy superficialmente y de manera desprevenida, oye historias y como que eso no significara nada hasta cuándo le corresponde ser protagonista.

Así me sucedió, cuando estaba hablando con una hermana de mi madre, a la cuadra de mi residencia, ella en el segundo piso y yo abajo en la calle, comentábamos cosas diferentes, yo le informaba de lo sucedido en el colegio, apareció ese muchacho manejando una carretilla, transportaba una canasta de cerveza para su papá, propietario de un expendio de licor varias cuadras más abajo, era una calle muy pendiente, iniciaba donde yo estaba y continuaba inclinada hasta el destino de las cervezas.

Me atropelló con la carretilla sin que hubiese una razón, nunca supe por qué ese rechazo hacia mí, detectado en otras ocasiones, pretendió ahora convertirme en su víctima, creyendo que podría agredirme fácilmente, asustarme y que yo iba a salir corriendo, con actitud pendenciera se acercó y me empujó con su carro de madera.

- ¿Es que no cabe, le grité, la calle es muy amplia por qué viene sobre mí cuerpo a golpearme con el carro? En forma desafiante se aproximó más con ganas de pegarme, retándome a pelear, entonces yo, haciéndome el guapo, actitud típica de la irreverencia juvenil, sin pensar a con quién me enfrentaba ni medir consecuencias, no quise demostrarle miedo para que mi tía no descubriera que su sobrino era un flojo, me acordé de las palabras de mi padre al entrarnos a la escuela por primera vez: -no busquen peleas ni pongan apodos a sus compañeros porque esa es la causa de las riñas escolares, pero tampoco muestren miedo.

-No me da miedo de usted, le grité, cogí su carretilla y la eché a rodar por la empinada calle, ante esto él no sabía si agarrarme a golpes o ir a recoger las botellas de cerveza que rodaban a gran velocidad, de no hacerlo tendría graves problemas con su padre, debido a eso optó por lo último, pero dejó explícita su amenaza:

- Cuando te vuelva a encontrar te voy a matar, espéreme aquí, ya regreso, lo juro que te mato, voy a llevar las cervezas a mi papá y luego te vengo a buscar, me las pagarás muy caro, salió de prisa a alcanzar las botellas que rodaban varios metros más abajo.

Mi tía me gritaba: -vuélese hijo, ese muchacho es muy malo, cuídese. ¿Ahora, que irá a pasar?

Yo me fui para para mi casa, le conté a la otra tía lo sucedido, replicó muy asustada: - escóndete, si fuere posible bajo la tierra, hijo, cierra las puertas y no salgas a ninguna parte, no te imaginas el serio problema en que te has metido.

Aseguré las puertas con troncos de madera, en lugar de llave se colocaba por dentro una pieza de ese vegetal apoyada contra la pared, la puse y subí, ella confundida me recalcaba: - cuídese porque ese muchacho es muy malo y puede proceder de manera gravísima, su historia es demasiado negra.

Yo no me asomaba ni a las ventanas, sobre todo, en los días siguientes al suceso, mi enemigo transitaba por el frente de la casa cada rato. Evadí posibles encuentros con el ofendido, usaba rutas diferentes en mi diario caminar, sin preocupación, pero observando la máxima prudencia, no nos encontramos más durante semanas, tomé las cosas con normalidad, sin miedo, pero con gran precaución, el asunto parecía olvidarse, el temor dejó de existir, olvidé todo sin mayor esfuerzo.

El tiempo transcurría en completa calma y la vida cotidiana parecía normal, las calles tranquilas y solitarias veían desfilar a los estudiantes, hombres y mujeres de la población continuaban haciendo su trabajo, el vecindario seguía su diario trajinar, se percibía una sensación apacible, parecía el fin de los problemas.

El momento inevitable del encuentro con el ofendido enemigo no se hizo esperar demasiado, el cara a cara se produjo en su propia casa, las relaciones entre mi tía y la familia suya continuaron su transcurrir normal, sobre todo, con su madre una afectuosa señora, nunca se rompieron.

Precisamente cuando se celebraba el día de las madres, actuando con la ingenuidad y transparencia de la gente buena y confiada, mi tía, me envió a comprar víveres para el almuerzo a la tienda de la mamá del insolente joven. Muy atenta, la señora, me recibió con cariño y me entregó el pedido con un saludo especial para mi tía, la despedida fue interrumpida por la llegada de su hijo.

A pesar de ser las once de la mañana éste ya venía con licor en la cabeza, había salido temprano a la celebración de la fiesta materna en uno de los bares vecinos, allí todo quedaba cerca.

El efecto del alcohol y la sed de venganza eran los catalizadores de sus malévolas intenciones junto al deseo de cumplir su promesa vengativa, al evocar cómo rodaban las botellas de cerveza sin poder hacer nada, la ira estaba latente, recordar la manera humillante en que tuvo que recogerlas, todo pintaba muy negro para mí. Irrumpió con palabras de grueso calibre que retumbaron por mucho tiempo en mi cabeza, la escena era más grave frente al enemigo enfurecido con revólver en mano, gritando: - por fin te encontré, mira qué fácil voy a cumplir lo prometido, te voy a matar, diciendo esto puso el arma sobre mi cabeza.

Yo no corrí ni le mostré miedo, tampoco le supliqué por mi vida, cual expectante testigo de algo que no era conmigo, con pasmosa tranquilidad vi en una fracción de segundos a su madre lanzarse sobre él y exclamar: - ¡Hijo, por Dios qué intentas hacer! ¿Ese es el regalo de madre que quieres darme? Siéntese tranquilo y reflexione, la celebración de hoy no puede quedar marcada por una desgracia en mi propia casa.

El sentimiento materno tuvo su efecto, el amor y el respeto doblaron al roble y sacaron a flote su sensibilidad, despertó el corazón, que aún el rostro más hostil lleva consigo, entregó el arma y su veneno dejándose envolver en un abrazo maternal.

Yo salí rápido sin mirar atrás, me parecía que ya podría alcanzarme, la fortuna de contar con la gracia divina y el efecto del amor de una madre sobre su hijo me sacaron ileso de la experiencia que puso en riesgo mi sobrevivencia. Los problemas entre nosotros cesaron totalmente, no obstante, él siguió su actitud pendenciera con diversos protagonistas, haciendo de su vida una desgracia.

Compasión es reflejo de bondad

La actitud, manera como los seres humanos manejan sus emociones, es lo importante, la vida nos enseña el hecho fundamental de saber responder a los diferentes sucesos, acontecimientos que tenemos que enfrentar sin que ellos sean responsabilidad nuestra, lo que sí es nuestra, únicamente nuestra, es la manera de reaccionar, es decir la decisión, podemos asumir nuestra propia respuesta, la actitud es personal, el suceso como tal no es lo único importante, la manera de enfrentarlo reviste las verdaderas consecuencias que señalan el camino, es decir lo que hacemos con lo que nos pasa define el presente y sus consecuencias futuras, cada instante crea el porvenir en auténtica respuesta a nuestra respuesta elegida.

El quehacer está determinado por nuestro prototipo de personalidad, ésta se manifiesta en la reacción repetida a las diferentes situaciones y circunstancias vividas, quien se acostumbra a responder agresivamente siempre acudirá a las ofensas y al desafío provocador, su mente llega a estar carcomida por el odio y la venganza. Al contrario, el espíritu del bien, propio de las buenas personas, se manifiesta en la manera constructiva de enfrentar los acontecimientos,

Los principios y valores expresan el espíritu conciliador marcado por un interés constructivo y de resolución, más efectivo para resolver conflictos de convivencia que el ánimo belicoso y pendenciero que acrecienta la animadversión y deja heridas difíciles de cerrar.

En el universo nada está perdido, aunque la confusión reine, todo es parte de la unidad, dos caras de la misma moneda, esto quiere decir que se precisa de dos polos para definir la unidad, nunca debemos sentirnos fracasados, los momentos de extrema dificultad, por ejemplo, un enfrentamiento con el enemigo o un suceso peligroso e involuntario. Debemos considerar que la emoción que mueve al adversario es muy diferente a la chispa que enciende mi motor, por consiguiente, yo no debo involucrarme en los sentimientos negativos sino enfocarme con calma en la salida que la luz interior señala, conservar el estado neutral de observador vigilante, no echar más leña al fuego hace posible que el ánimo exaltado se apague por falta de combustible para calentarse, dejando brillar el rayo salvador.

Gracias a una educación emocional, inteligencia para entender al otro y responder al estímulo externo, basada en valores que deben ser, a su vez, apoyados en principios, veremos desarrollar el gran potencial vencedor, potente fuerza para el éxito, liderar ese valor apoyados en la fuerte convicción de estar transitando por caminos de ética y moral, arropados por el manto de la iluminación interna responsable de alcanzar el uso acertado de la inteligencia y las capacidades armonizadoras, siempre enfocados en el triunfo del honor sobre la miseria humana.

En una sociedad tan convulsionada, como la actual, encontramos diariamente problemas transmitidos a la niñez y juventud, repetición de vicios y traumas emocionales de los mayores, conflictos creados en ellos a lo largo de la vida, mal ejemplo, tradición de violencia y malos tratos, odios, miedos y resentimiento, emociones negativas desequilibrantes de la personalidad.

Nunca es tarde para reflexionar y empezar a transmitir el buen ejemplo a jóvenes y niños, todos estamos aprendiendo y experimentando, la herencia y la experiencia se manifiestan a través de nuestros actos y manera de reaccionar, es la continua cadena social, adquirimos el conocimiento por nuestros propios hechos y la actuación ajena, una educación fundamentada en el propósito de alcanzar el bien, aprender a salir exitosos causando el menor daño, es decir ganar la guerra sin dar la batalla, estrategia de un buen guerrero, lo importante es ir tras la victoria sin dañar a nadie, alcanzar los objetivos y propósitos sin destruir, mi luz personal ilumina el destino de todos.

Sí yo pretendo superar un problema, la clave no consiste en agrandarlo respondiendo de igual forma, sino enfocarme en la salida, al momento de enfrentar al contradictor o determinado problema, mi personalidad no aspira al fracaso y dejar que me atropellen, mi reacción debe ser capaz de sobreponerse, ser resiliente, tener un buen don de réplica sin salirme de la razón ni acudir a los golpes y a la destrucción violenta así esté enfrentando al más violento, tenemos que quitarnos los guantes, para que haya peleas se necesitan dos, ¿es mi objetivo pelear o ganar una discusión? ¿Aumentar el odio o superar el conflicto?

Vencer en un pleito, por ejemplo, reclamar nuestros derechos sin acudir a medidas que puedan acrecentar la pelea o provocar reacciones de matoneo, ni apelar a ellas, la ley que rige nuestro estado de derecho, establecida en los instrumentos legales, reveladores de principios universales que rigen mi vida, es la mejor herramienta, no hacer justicia por mano propia, la emoción con que está actuando el agresor es muy diferente a la mía, tampoco debo dejarle conocer mi debilidad, no mostrarle miedo porque se empecina en agredir más, por eso abusan tanto con los débiles, esa condición humana de las víctimas ha llevado a los agresores a la maldad, los engolosina el deseo de sentirse poderosos, nunca esperan fuerte respuesta del contrincante por considerarlo débil, temeroso, niño o mujer, en general en inferiores condiciones para ellos.

La envidia y el resentimiento envalentonan al agresor, lo hacen actuar de manera violenta, es una lucha contra algo que no puede sacar de su interior, trata de liquidar su sombra en el contrario, cuando rechazamos el defecto ajeno miremos nuestro interior, seguro por ahí andará escondido.

Volviendo al principio, existe lo bueno y lo malo en cada uno de nosotros, cuando queremos ser fuertes y no deseamos que el opositor vea el lado frágil, esa continua pelea íntima nos lleva a atacar, pero cada cual debe apoyarse en los principios, en la moral y en la ética que le hayan inculcado en los años iniciales de su formación, acudir a ese potencial en los momentos difíciles, con el ánimo de buscar soluciones en los argumentos que la razón ofrece.

No agrandar el conflicto o crear problemas mayores, ni provocar dificultades, actuar sin promover condiciones para que el contrincante halle razones para aumentar el maltrato hacia nosotros o los demás.

Nos corresponde amarnos de manera consciente y sincera como se ama la máxima creación divina, en forma similar amar al prójimo, con más amor para dar, sin dañar ni provocar reacción ingrata en contra nuestra.

La reflexión y la calma permiten actuar con razón sin responder al impulso, en cambio, meditar sobre el significado del amor y la vida, saber que no debemos hacer daño a nadie es la mejor táctica para superar las dificultades y prevenir enfrentamientos.

Aún en los momentos más complicados, apelar a la bondad y la compasión, al respeto a la vida, de todos, incluida la del enemigo, detener así el impulso violento y la agresión infame, que no salga la maldad de mi propio interior, el odio no resuelve nada, el amor, compañero íntimo de las buenas personas, es el primer principio sanador.

Su dolor hubiera sido el mío

En uno de los extremos del parque principal de mi pueblo estaba el café más frecuentado por los estudiantes, nos referíamos a él siempre como el café de la esquina, allí íbamos a jugar billar desde las primeras prácticas de este entretenido juego, felices contábamos las carambolas celebrando cada vez que el número progresaba, también era el sitio para tomar cerveza el fin de semana o disfrutar con grupos de amigos, el café tenía dos niveles, el más alto era para uso femenino, la parte inferior exclusiva para los hombres.

Con absoluta confianza acudíamos a tomar cerveza o jugar billar, el propietario nos atendía en forma amistosa, sin necesidad de llevar dinero, teníamos crédito y lo pagábamos oportunamente.

Un grupo de amigos éramos clientes asiduos del establecimiento, algunos jóvenes lo convertimos en lugar de distracción, generador de amistad y de relaciones sociales, no sólo con el propietario, terminábamos siendo grandes amigos de la mayoría de su clientela.

Generalmente los cafés de los pueblos se transforman en la segunda casa de muchas personas, los pobladores van seleccionando el que más les gusta y acuden a él con frecuencia, crean nuevas relaciones amistosas al repetir encuentros con las mismas personas. Cada establecimiento goza de su propia clientela, nuestro grupo de amigos se volvió parte de una comunidad asidua visitante del café, surgían anécdotas alrededor de una cerveza o contando carambolas y dando vueltas al billar.

Es la forma de hacer amistades en el pueblo, el café es el sitio de encuentro, la prolongación de la casa, la sala donde se recibe la visita o se continúa la atención al familiar o amigo que llega de otra ciudad, los sábados y domingos los cafés albergan campesinos que aprovechan la oportunidad para departir con los amigos y personas del pueblo o de otras zonas rurales, el licor y la música de su agrado transforman por unas horas la agitada, o rutinaria, vida de los habitantes.

Varios amigos nos reunimos allí un domingo a tomar cerveza, celebramos los primeros sueldos que recibimos, en mi caso cuando empecé a ganar dinero por el empleo que inició mi vida laboral, así se disfrutaba la mayoría de edad y, ante todo, la independencia económica.

La música y el alcohol nos volvían cada vez más efusivos, espontáneos y fiesteros, el espíritu exaltado dejaba brotar los sentimientos sin control ni límites producidos por el festejo juvenil, historias, comparaciones, aspiraciones y deseos se expresaban con la misma naturalidad del agua al correr a través de su lecho.

Las conversaciones entre los jóvenes tendían a rematar en las muchachas bonitas del pueblo, familiares de los protagonistas de la celebración del día, uno de mis amigos que participaba muy animado en un momento se refirió a mi hermana: - me la estoy tomando en cada trago, repetía una y otra vez, yo reaccioné y empezó el bochinche.

Le imprimí demasiado ímpetu a un supuesto y amplificado irrespeto, calificado así por el acaloramiento alcohólico, no sé si fue por un excesivo cuidado de la familia o simplemente la inconsciencia de una mente excitada por el licor, terminamos enfrentados a golpes, pelea azarosa, saltando por un lado y otro, alguien cogió una silla para separarnos, ésta terminó lanzada al contrincante, una mesa cayó al suelo, botellas y vasos le hicieron compañía, los dos fuimos a caer debajo de la barra del bar y luego bajo el billar, todos resultamos involucrados, dando y recibiendo golpes.

En medio del caos, el administrador del café puso un poco de orden y con ayuda de otras personas logró sacar hacia la calle a varios contrincantes, entre ellos al otro protagonista de la trifulca, a mí me contuvieron adentro, al final salí armado con una botella de cerveza pretendiendo alcanzarlo, cuando ya estaba cerca, en plena calle con botella en mano lista para descargarla en su cabeza, éste giró y a gritos me pidió que no lo fuera a herir.

En un acto asombrosamente milagroso vi en el espectro la figura de mi madre y sus continuas recomendaciones en las oraciones de la noche: - la misión principal de los seres humanos consiste en ser buenas personas, eso implica no causar mal a nadie ni con el pensamiento, ni con la palabra, menos con la obra.

Recibí asistencia de la gracia espiritual que nos protege y guía desde adentro, lancé la botella al piso y repliqué: - ¿cómo se atreve a creer que yo pueda herirlo? ¿No sabe que yo soy una buena persona?

Herirlo, jamás. Causarle una lesión a él sería como herirme a mí mismo, en lo más íntimo de mi ser sabía que la vida hubiera cambiado totalmente, al colocar la crueldad en el lugar de la bondad una parte de mi personalidad hubiera muerto aquel día.

Un agente de policía apareció y me condujo hasta las puertas de la cárcel, allí aceptó la súplica de un testigo de la escena quien ofreció llevarme a casa con la certeza de no volver a verme esa noche en la calle, la historia de sobrevivencia terminó así, de lo contrario algo hubiera muerto en mí, herir a un amigo habría constituido una fatalidad, nunca me lo hubiera perdonado.

Siento gratitud con la vida por sacarme incólume de este incidente sin caer en un hecho lamentable, intuí, sin saberlo, el significado de la compasión, consistente en no producir daño al prójimo, en cambio, ubicarme en su lugar y ayudarle a salir del sufrimiento.

El mal se propaga muy rápido

El bullying, matoneo, hostigamiento, acoso o como lo queramos denominar, es un aprovechamiento de los más fuertes sobre los más débiles, un daño al otro, de manera sistemática en forma consuetudinaria, reiterada, de mala fe, agresión permanente, fenómeno injusto de sometimiento.

Donde hay esclavos existen esclavizadores y viceversa, los unos dependen de los otros, existen gracias a su opuesto, para que haya luz es indispensable la sombra, el principio de unidad fundamenta la existencia, lo más alarmante de semejante fenómeno lo representa la tendencia a constituirse en moda, forma de actuar de la colectividad, expresión constante de agresividad, la indiferencia de la gente ante el dolor de las víctimas es una realidad lamentable.

Estamos siempre copiando actitudes de la colectividad, contradictorio y paradójico es constatar el gran auge y apogeo de la maldad implícita en el maltrato, aunque finalmente triunfará la bondad parece que el impacto del acoso se propaga con tanta fuerza que se pega y contagia de manera influyente e imparable, esto impresiona, llama la atención constatar que su velocidad de irrigación supera la de las virtudes. ¿Será porque amplifica el ego y la codicia prepotente?

La atención, admiración y respeto, actitudes arraigadas en los débiles hacia los fuertes, alimentan en el egoísta la capacidad de hacer daño e infundir miedo con su crueldad. Así se edifican las pequeñas y grandes dictaduras, despierta en los seres humanos el afán de grandeza dibujada en el dinero, el poder o la fama, creen adquirir importancia de manera fácil, una victoria que infla la soberbia y robustece el orgullo, la imagen poderosa es volátil y efímera como todo en nuestra vida, somos pasajeros del tiempo y en la corta existencia humana nada es eterno, lo que no percibe el victimario enceguecido en su alucinada superioridad.

A pesar de ser tan nefasto el ejemplo, la comunicación y las relaciones establecidas hacen que niños y jóvenes copien, aprendan y reproduzcan roles peligrosos para ellos y la sociedad.

Vivimos en permanente modelaje, algo muy reconocido a nivel conductual, asimilamos modas, costumbres y actitudes, imitamos el influjo ejercido por personajes protagonistas de papeles significativos en la sociedad, espejos de influencia decisiva, aprendemos en general de los mayores, no solamente en edad, dignidad y gobierno, en poder, en dinero y en prestigio, la gente está viendo a los poderosos a toda hora y termina por hacer lo mismo, se imponen formas de ser y de hacer copiadas de actores notorios, la comunicación entre los humanos, y parece que entre los seres vivos en general, constituye un raro fenómeno de transmisión extrasensorial al instante.

El ejemplo de los padres, educadores y dirigentes políticos es entronizado sutilmente en las mentes juveniles, el líder de la organización social transmite conductas a su entorno, también el militar, el deportista y el actor, quien tenga relevancia social, económica, religiosa, académica, artística, deportiva, todos hacemos modelaje en cada instante, no necesariamente de manera consciente.

Existe la tendencia humana a imitar lo que hace el presidente o el ministro, al actor lo estamos siguiendo y replicamos sus preferencias y modales, hoy en día los influenciadores de las redes sociales disponen de un vasto campo para enseñar lo bueno y lo malo de una forma que nunca se había concebido.

Hay una educación no formal que es tan fuerte como la formal y, sobre todo, cuando es reiterativo y repetitivo el mensaje expuesto en los medios de comunicación o en la convivencia, la educación no formal, agregada a la adquirida en las instituciones educativas y en el hogar va formando al individuo, delineando su personalidad, es la arquitecta del edificio social.

Los hogares implantan el mal ejemplo, al inducir el acoso y el aprovechamiento de los más débiles, en sus propios hijos, los padres al maltratarlos con fuertes castigos junto a la humillación y golpes a la esposa, o de ella, en algunos casos, contra su marido y los menores, dan lugar al surgimiento del miedo seguido del resentimiento y la sed de venganza para ser replicada cuando sean mayores en los más pequeños, hermanos y compañeros de estudio.

Castigar brutalmente a un niño porque en su vulnerabilidad y pequeñez, propias del crecimiento se equivoca en el aprendizaje, por no entenderlo, el padre maltratador que todo lo resuelve a golpes, su matoneo como forma de ser continua, lo conduce por la vieja técnica de la letra con sangre entra, al poder del látigo, algo que debió quedar atrás hace siglos, los muñecos, animales y hermanitos menores serán las víctimas del resentimiento infantil y de la reacción aprendida. ¿Qué sucederá en este futuro adulto si no supera estos sentimientos negativos?

La violencia, el machismo y los tratos denigrantes de los patronos con sus trabajadores y de los jefes con sus subalternos, el hostigamiento, la agresión y acoso laboral y sexual degradan la personalidad, complican la convivencia y hacen difícil la existencia.

El militar que utiliza su rol de autoridad para atropellar al ciudadano desconoce la sagrada misión institucional y deber moral de proteger la sociedad, obviamente con prioridad para las personas más débiles.

Al repetir la característica del hostigador consistente en maltratar al indefenso en una ostentación de poder, eminentemente desigual, deteriora la confianza de la población al verlo ejercer conductas totalmente contradictorias a su loable misión protectora y defensora de los derechos de la sociedad.

Algunos políticos inescrupulosos al disponer de poder, armas y dinero, se dedican a perseguir sin piedad a sus contradictores, condenando a la cárcel, la muerte o el destierro a los más reacios y difíciles de convencer y atraer a sus huestes, como lobos feroces atacan su rebaño constituido por gente humilde, obreros, amas de casa y estudiantes, en lugar de cuidar y proteger en constante demostración del buen servicio, verdadera misión del dirigente con la comunidad, el estadista ve en su misión una tarea muy diferente.

Surgen dictaduras desconocedoras de los principios democráticos y los derechos humanos, eliminan al opositor sin el más elemental respeto a la vida, práctica de gobernantes autócratas y grupos armados ilegales, codiciosos disfrazados con membretes de izquierda o derecha para obtener algún reconocimiento político y poder torturar, desplazar y eliminar a cualquier adversario en desigual confrontación, como falsos positivos se conocen los homicidios de civiles ajenos a conflictos internos presentados como guerrilleros por militares contagiados del mal para alcanzar beneficios por resultados contra la subversión.

Los ejércitos privados y las bandas criminales, traficantes de drogas, y economías ilegales, asesinan al líder social y ambiental, al dirigente comunal, al indígena o al negro, señalados obstáculos que alertan a su comunidad en actitud protectora de sus derechos, de los perjuicios del vicio, daño al medio ambiente o la moral pública, esas injustas muertes se multiplican y son noticia repetitiva en todo el país, el poder y las armas envenenan la mente y el cuerpo y repercuten en vejámenes injustos a las poblaciones indefensas.

Todo es solucionado por la fuerza del mal reinante, la desobediencia es castigada vilmente incluso con la muerte con métodos de ejecución cobardes e inhumanos, efecto multiplicador de la opresión y agresividad malignas, la crueldad y negación del principio de unidad humana destruyen la vida de hijos y hermanos.

Las injusticias, el dolor y el miedo, constituyen un caldo de cultivos de muy difícil digestión, almacén de venganzas y retaliaciones futuras, los agresores envejecen y enferman o se mueren, los ofendidos crecen y se fortalecen, los roles cambian, el desangre continúa y la esperanza de vivir en armonía se esfuma.

El efecto del matoneo en una sociedad se traduce en agresividad interminable, violación de derechos humanos y desconocimiento de elementales normas de convivencia, la desconfianza impera y la agresión expresada en palabras termina en hechos infames que martirizan y confunden.

El buen trato respira en la palabra, en el reino de la convivencia la amabilidad es la reina, las personas agradables su corte.

Es verdaderamente refutable la peligrosa guerra verbal, con ofensas de todo tipo, utilizada por dirigentes y personajes públicos, contaminan audiencias y despiertan la actitud negativa que promueve en sus seguidores efectos multiplicadores nefastos.

La situación es más caótica cada día, peleas permanentes al interior de las familias e instituciones educativas concluyen en sufrimientos y desgracias, encuentros deportivos transformados en escenarios de guerra, el asesinato de seres queridos por los mismos familiares cercanos, pareja, padre, hijos y hermanos, con sevicia y maldad cual si estuviesen eliminando al peor enemigo, patentiza resentimientos y venganzas navegando en ambientes totalmente deshumanizados, enfocados sólo hacia la agresividad violenta, la crueldad expresada en forma reiterada está latente como bomba de tiempo lista para explotar en cualquier momento.

El hostigamiento que somete hoy es resentimiento y violencia de mañana, de igual manera el matoneo y agresividades presentes crecen y amplifican la violencia. Bandas ilegales encargadas de imponer el mal, las drogas, esclavitud sexual y trata de personas, el robo y el chantaje, la extorsión y el secuestro constituyen el resultado inevitable de la descomposición social inducida por la desigual confrontación entre opresores y oprimidos.

Era su emoción, no la mía

Otra vez el café de la esquina fue escenario de un episodio imposible de olvidar relacionado con mi vida juvenil, sucedió un fin de semana, el domingo como la vez anterior, el sitio estaba lleno de clientes tomando licor, el dinero circulaba por ser época de cosecha agrícola, los agricultores y campesinos, trabajadores y propietarios se mezclaban con la gente de la ciudad, los empleados públicos disfrutaban de su día libre, salían a compartir con los amigos, ir al oficio religioso y comprar el mercado, actividades complementadas con un rato de esparcimiento en el café, especie de club social, equilibrio necesario para el silencio y pasividad pueblerina durante la semana.

Varios amigos estábamos en una mesa escuchando la música de nuestro agrado acompañada con la infaltable cerveza y actuando con la tranquilidad que brindaba el apacible y confiable sitio a quienes éramos sus asiduos clientes. Repetíamos en voz alta las canciones salidas a todo volumen de los acetatos y reproducidas en parlantes de gran tamaño, las coreábamos como si estuviésemos en una escena de karaoke, actuamos y gritamos siguiendo el ritmo de la canción y el tono del falsete, festejábamos haciendo eco de la letra golpeando la mesa con nuestras manos, todo transcurría normal y amistosamente con aires de fiesta y celebración, eso creíamos los compañeros de mesa que departíamos con espontaneidad, otra persona opinaba diferente, llegó el momento en que todo cambió.

De la mesa cercana se levantó un sujeto, desconocido paro nosotros, podía ser alguien que vivía en otra ciudad y tenía familiares en el pueblo, a quienes visitaría hoy y celebraban esa visita en el mismo café, no le gustó nuestro actuar y vino a poner orden, tomó una silla, la colocó a mi lado, mirándome a los ojos en forma altanera me recriminó.

- Vuelva a golpear la mesa si quiere pelea, ante mi mirada de extrañeza, repite el saludo provocador. ¿Por qué no vuelve a golpearla? - Quiero que la golpee como estaba haciendo antes, si es que se considera muy macho, si lo que quiere es pelear dígalo. Sólo espero que lo vuelva a hacer para que vea lo que le pasa.

- No señor, no voy a golpear la mesa, le respondí. Yo no sabía que golpear la mesa en un café era provocar peleas o desafiar a otro. - No hay razón para hacerlo, menos porque usted me lo ordene, aquí estamos entre amigos y los golpes son de celebración y placer, de pura alegría, además, usted no es de nuestra mesa, así que no me diga lo que debo hacer y por favor siéntese en su mesa tranquilo, nosotros no queremos problemas.

El personaje no se iba y seguía expresando términos ofensivos con deseos de pelear, me amenazó que si volvía a golpear la mesa me daba candela, eso significaría pegarme un tiro, disparar contra mí, es decir darme fuego, la candela era considerada sinónimo de fuego, la gente usaba el encendedor, denominado candela, para prender el cigarrillo para sí mismo u otra persona. Después del suceso un amigo a quien le conté me dijo que debí contestarle que yo no fumaba.

Volviendo a la realidad de ese día, yo le repetí que en la mesa todos éramos conocidos a excepción de él, lo mejor era que regresara a su sitio, la única respuesta suya era que golpeara la mesa, insistía en darme candela, sólo esperaba que golpeara la mesa, a lo cual yo no estaba dispuesto, mi decisión era no aceptar su desafiante incitación a la pelea.

Miré hacia el segundo nivel del café dónde se sentaban las mujeres del pueblo, varias amigas departían alegremente.

 - No quiero que ellas me vean peleando, pensé, y peor todavía si este tipo me gana la pelea. Volví a evocar las amonestaciones paternas: -no se pongan de peleadores, pero cuando les corresponda hacerlo no regresen llorando a casa diciendo que otro le pegó.

Fijé la mirada al fondo del bar, a mano izquierda, sector opuesto a la salida a la calle, allí estaban los baños y un área interior adicional que impedía ver desde el segundo nivel lo que sucediera allí, en forma serena devolví la mirada al improvisado enemigo y lo invité a que me siguiera a ese lugar, con el fin de esclarecer todo a solas.

- Quiero que hablemos aquí, le dije, solos los dos, no quiero escándalos en la mesa, haga lo que tenga que hacer, yo ya le expliqué todo, vamos a terminar este problema, le pido excusas si lo ofendí, pero no siga repitiendo lo mismo, insistiendo sobre algo que yo no voy a hacer, no tengo nada contra usted, igualmente nada que decirle.

La misma frase salida de su empecinada cabeza volvía a ser machacada, le expliqué de nuevo que los golpes en la mesa no eran contra nadie y si quería darme candela lo hiciera, ahí, de una vez, además, en la mesa todos éramos jóvenes que disfrutamos el momento a nuestra manera y hacíamos bulla, pero sin pretensión de ofender a otra persona.

El hombre me miró de arriba abajo y con un gesto despectivo me empujó abriéndose paso de regreso, tratándome de presumido cocacolo, término similar al gomelo de hoy, volvió a su mesa y yo a la mía. Pensaba yo en lo inexperto que era en el arte de los borrachos quienes tienen su propio lenguaje de señas, golpear la mesa era, para ellos, retar al vecino, incitarlo a pelear.

La tranquilidad reinó por un rato, nadie comentó nada y yo evité mirar hacia el grupo del retador, una canción sonaba a buen volumen, a nadie se le ocurrió repetir su letra, menos golpear la mesa, un sorbo de cerveza refrescaba mi agitado paladar y apaciguaba mi caliente espíritu, mis amigos en un acuerdo secreto y autónomo no hicieron comentarios sobre el suceso, aún me sorprendo al pensar en esa determinación.

Al poco rato se repitió la visita inesperada del día, se acercó como antes, tomó una silla y se sentó a mi lado, mi confusión fue total, pero conservé la calma y seguí expectante la sorpresa, me interrogaba a mí mismo sobre la respuesta a una nueva incitación a pelear, pero no fue lo que pensaba, la razón de su regreso presentó un matiz opuesto al anterior.

- Joven, quiero manifestarle que tengo mucha pena con usted, excúseme por lo que hice, eso nunca debió suceder, semejante espectáculo fue una gran equivocación, pégueme en una mejilla si quiere y yo voltearé la otra, me lo merezco, espero no tener problemas nunca con usted, prefiero su amistad, no entiendo por qué procedí así, yo soy de este pueblo, aunque hace tiempo he estado fuera por razones de mi trabajo, sé que está lleno de gente buena y lo que menos quiero es traer dificultades a esta bella población y a su sana comunidad.

Impresionado por el inesperado cambio y agradecido con la vida por haber superado esta confrontación de manera tan positiva y favorable para mí, le insistí: - yo tampoco quiero problemas, no los buscamos mis amigos y yo con nuestra manera de comportarnos en la mesa, lo sucedido es cosa del pasado, máxime al escuchar las excusas en la forma tan cordial que usted acaba de hacerlo.

Yo, un poco conmovido, lo vi regresar con sus amigos, me quedé tranquilo con los míos, ninguno de los compañeros se atrevió a decir palabra alguna al respecto, el hecho de haberlo llevado antes a un rincón solitario para aclarar la situación era suficiente mensaje que les indicaba cómo quería yo manejar el asunto.

Era grande mi felicidad por el final tranquilo sin nada que lamentar, igualmente mi sorpresa sobre el giro inesperado de la situación, más tarde entendí la razón: dos hombres miraban desde la barra del café, amigos tradicionales de mi familia y también de la suya, se habían dado cuenta de todo y conversaron con el ofendido por la supuesta falta, le hicieron ver el error y de ahí se originó la idea de presentar excusas.

La historia continuó: a los quince días fui a visitar a un familiar residente en una ciudad cercana, después de permanecer unos días llegó el momento de regresar a casa, por la mañana cuando me levanté desayuné y salí para el terminal de transporte a coger el bus con destino a mi pueblo, al atravesar el pasillo hacia las oficinas despachadoras vi que de una cafetería cercana salía un agente de policía quien gritó llamándome por mi apellido.

- Joven, buenos días, lo invito a la cafetería, quiero conversar con usted, si me lo permite. Respondí de manera afirmativa con todo el respeto que para mí significaba la autoridad representada en un policía, me preguntó si quería desayunar, sólo acepté un pocillo de café con leche, sin mayor preámbulo me lo explicó todo.

- Yo creo que usted no se acuerda de mí, yo soy la persona del problema en el café de la esquina allá en nuestro pueblo, le vuelvo a manifestar mi enorme pena por lo sucedido y espero que seamos amigos siempre, yo quiero mucho a mi municipio y a su gente, anhelo dejar la mejor imagen, además mi trabajo como policía me lo exige.

Respondí agradecido y salí hacia el bus con destino a casa. Durante el viaje reflexioné sobre el peligro real al que estuve expuesto en el café de la esquina, enfrentaba a un policía, por estar vestido de civil no lo identifiqué como tal ni observé arma alguna cuando amenazó con darme candela, o sea dispararme, no era sólo una amenaza, darme candela era una realidad posible en aquel momento, una fatalidad si yo hubiese reaccionado de manera diferente a como lo hice. Recordaba cómo me insistía que golpeara la mesa y después, en ese rincón a solas, no olvido su desafiante frase: - dígame algo. Qué tal que lo hubiera hecho, eran sólo justificaciones en ese momento para usar el arma contra mí, darme candela.

Me siento agradecido por la actuación mía en aquel momento difícil y peligroso, reaccioné en forma iluminada, espontánea e inexplicable para la edad y formación. Esa luz me permitió asumir que era su emoción la que se manifestaba, no la mía, si yo estaba bien no existía razón para involucrarme en su confuso y alterado caos mental.

Agradecido he vivido siempre con mi subconsciente e intuición que despejaron mi mente para conservar la calma y entender la importancia de la palabra, siempre impecable, para no provocar reacciones negativas contra mí o contra alguien más, también con los dos hombres que calmaron al policía en el momento adecuado. Gracias a la vida.

La violencia es epidemia letal

La violencia es el virus más contagioso y letal que enfrenta la humanidad, castiga la existencia desde sus orígenes, en forma despiadada atormenta la vida en todas sus expresiones, se manifiesta en las familias y las organizaciones sociales, es un virus que ataca por todas partes, verdadera pandemia que oprime y destruye desde adentro y desde afuera, acaba con la vida de unos y la esperanza de quienes sobreviven.

Mediante la eliminación física de seres humanos indefensos, muchas veces, los violentos pretenden destruir la humanidad en la medida que su intolerancia castiga a quien piense o actúe diferente o simplemente les disguste, dinámica malvada que tarde o temprano se devuelve hacia ellos mismos, infinidad de veces esto ha sido comprobado para mayor incertidumbre humana, ningún crimen se queda sin castigo, la acción y reacción es una ley de la vida de estricto cumplimiento.

Los grupos armados ejercen su maldad contra la población civil, acuden a victimarios, sicarios no necesariamente importados, residen en la vecindad, individuos violentos posesionados por el espíritu del mal que actúa a través de ellos, esperan la oportunidad para dejarse absorber por el maligno comercio de la muerte, sujetos a quienes han vendido su alma les ordenan quitar la vida a su misma gente, aunque el término gente nos cobija a todos, me refiero a sus vecinos, amigos y familiares, ya no existe el temor a confrontación bélica con país extraño, la muerte es ejercida desde adentro contra los propios hermanos.

Una exigencia diabólica obliga al asesino a estar apretando el gatillo, accionando el puñal o explotando bombas, lo considera su trabajo, elimina vidas humanas por dinero y pone en riesgo la suya ya carcomida por el mal, nadie la valora ni intentará defender, él y su familia se amargan la existencia para siempre, quien pagó dinero por matar a otra persona volverá a hacerlo para silenciar evidencias y ocultar su responsabilidad, su secreto no puede revelarse.

A pesar de la cruda realidad el fenómeno persiste, nadie aprende por experiencia ajena, los enemigos de la vida quieren meter el dedo en el fuego, aunque ardan su alma y su cuerpo en las llamas de la violencia, ésta se ríe de la estupidez humana mientras alimenta su voraz apetito cancerígeno, nunca satisfecho.

La sociedad está enferma cuando se atreve a permutar vida por dinero o justificar consideraciones intolerantes para quitarla, el sicario mata aduciendo en forma cínica que es su profesión, asesina quien pagó por hacerlo, homicida dos veces, el muerto se lleva con la suya la vida del victimario, éste no volverá a ser la misma persona, a diferencia de no fallecer en el mismo instante de su víctima, su sufrimiento no termina, una daga moral le atraviesa el corazón, su sufrimiento es personal, nada puede mitigarle el proceso de muerte lenta originado en cada asesinato.

Matan los promotores del vicio y de las drogas en función destructora de vidas, por las armas quitan la vida y a través del efecto de las drogas acaban con la tranquilidad, salud y dinero de familias enteras.

La epidemia es propagada por padres maltratadores quienes sin consideración alguna ejercen la agresión física y mental a sus indefensos hijos, algunos los desfiguran, generando consecuencias físicas y neurológicas difíciles de sanar produciendo incluso la muerte de quienes precisamente vinieron al mundo a prolongar la vida más allá de los que van cumpliendo el ciclo terrenal.

Se vuelve costumbre entre los hombres maltratar y asesinar mujeres, el colmo de la maldad machista, sin desconocer por ello que algunas mujeres invadidas por espíritus diabólicos asesinan a sus propios hijos, maltratan a sus esposos y causan desgracias.

Los celos arrebatan vidas sin parar, hermanos se matan entre sí, los amigos del colegio se citan a batallas campales a la salida del plantel, hinchas de equipos deportivos hacen de cada encuentro una final de guerra, la violencia imparable nos sacude a todos, confirmando el sello de una sociedad enferma.

Quita la vida el ladrón por un celular o humilde pertenencia a pasajeros del bus, niños y jóvenes engañados con falsas ilusiones se matan entre sí defendiendo al mismo enemigo, el microtráfico acaba con la seguridad y la vida.

La injusticia, promovida por la soberbia prepotente y la maldad enceguecida, lleva a los grupos criminales a la matanza despiadada de los defensores de derechos humanos y líderes comunitarios que por sus virtudes constituyen obstáculos para su perversa destrucción de la vida.

El aprovechamiento del más fuerte sobre el débil arrasa la esperanza, siembra el desprecio a la vida, la idolatría al dios dinero momificado en un becerro de oro hace del materialismo un nuevo paradigma, quizá el único para mentes idiotizadas por el materialismo.

El peligro que esta veneración codiciosa representa para la existencia humana es muy grave, reduce las posibilidades de vida en el futuro al ser cambiada ésta por dinero, lo vemos en el continuo sicariato y las guerras oficiales y no oficiales por el control de los recursos minerales y las vendettas del mercado negro, el vendaval de la violencia general extingue la vida de los jóvenes, la primavera de la humanidad comienza a marchitarse, la tristeza de la juventud es un mal moderno. El protagonismo bélico y la carnicería humana, realidad horripilante, solo buscan mostrar poder basado en el mayor número de bajas del bando opuesto, o en inocentes miembros de sospecha imaginaria, se da el caso de algunos miembros de la autoridad que asesinan a sangre fría a jóvenes inocentes para hacerlos pasar por guerrilleros dados de baja en combate.

Es muy doloroso ver la juventud sometida a la esclavitud del narcotráfico, su producción, comercialización y distribución, el micro tráfico origina otro tipo de repúblicas independientes con líneas inviolables dentro de las ciudades, quien transite por ellas sin autorización está condenado a muerte, muchos jóvenes ávidos de dinero han entregado sus vidas y se han llevado la de amigos, conocidos y familiares, jóvenes del mismo colegio y vecinos de barrio, un verdadero suicidio colectivo que requiere enfoques diferentes apoyados en urgente cambio de valores y mejores condiciones de vida, más justicia y equidad nos salvarán del naufragio.

La sociedad se organizó para enfrentar la reciente pandemia de manera colectiva y responsable, afrontamos el virus más grave de la historia reciente utilizando tapabocas y siguiendo las instrucciones higiénicas protocolarias impulsadas por autoridades sanitarias, acudimos a las vacunas con gran responsabilidad colectiva, esto quiere decir que estamos en condiciones de cerrar nuestro cuerpo a la entrada de drogas tóxicas y dañinas, sobre todo, al cuerpo infantil y juvenil, gran responsabilidad social y humana debe ser el propósito de todos para vencer esta otra amenaza a la vida humana.

La educación en su propósito de formar buenas personas tiene que asumir el reto de disminuir, ojalá acabar para siempre, el consumo de estupefacientes en la juventud y con ello su comercio, verdadera génesis del mal, además implementar las herramientas necesarias para alcanzar esa meta, es necesario empezar con el ejemplo, los niños están aprendiendo de la experiencia adulta.

El baile de las velas

- Ese río que usted ve correr al frente, aparentemente tranquilo, no solo transporta agua, envueltos en su caudal desfilan cadáveres de hombres que han sido ejecutados por criminales al servicio del narcotráfico o ajustes de cuentas de bandas delincuenciales, más abajo a medida que desciende el río se forman curvas donde acuden personas a buscar el cuerpo de familiares desaparecidos. A eso estuvo usted expuesto esta noche si el hombre del problema hubiere sido el hermano y no el que usted me está contando, ambos son peligrosos, para nuestra fortuna el que usted menciona es menos violento, el otro no pregunta ni acepta explicaciones, una señal a su guardaespaldas basta, ellos hacen el resto.

Así se refirió mi amigo cuando le expliqué lo que me había sucedido mientras él ayudaba a los organizadores, en esta fiesta de fin de año. Al salir a vacaciones de la universidad acepté la invitación a su finca, hoy lo acompañaba a pasar el año nuevo donde su vecino.

Limitando con su propiedad estaba la casa de la principal hacienda regional, muy cerca se escuchaba el paso del gran río, el ondular de la corriente se contemplaba desde los corredores, pocos metros los separaban de su cauce. Era costumbre del patrón, como era conocido su propietario, invitar a todo el vecindario a celebrar el año nuevo en su hacienda. Esta vez con toda la familia, incluida su señora madre, las atenciones y muestras de cariño con trabajadores, propietarios y administradores de fincas vecinas eran deslumbrantes y famosas, constituían el acontecimiento más esperado por la comunidad anualmente.

Toda su familia, madre, esposa y hermanos, su parentela en general, festejaban la llegada del año nuevo.

La hacienda estaba repleta de gente, unas personas preparaban la comida, otras se encargaban de repartir licor, coordinar la orquesta y demás responsabilidades de la pomposa celebración, sujetos armados vigilaban para detectar la presencia de personas diferentes a los vecinos y sus invitados, reinaba la abundancia de comida y buenos licores, el sonido de la música y los juegos pirotécnicos prendían el ambiente y hacían difícil la audición.

Embelesado y aturdido con todo ese festejo conversaba con uno de los hermanos del patrón, quien llegó a nuestra mesa a saludar al vecino y su invitado, no tuve tiempo de entender qué pasaba cuando unas manos femeninas se posaron de manera intempestiva sobre mis hombros, forzando a levantarme, se trataba de una dama que a la vez gritaba: - las velas, las velas, las velas, al tiempo daba pequeños saltos como si se tratara de una danza.

Yo me puse de pie y traté de llevar el ritmo y hacerle coro: - las velas, las velas, las velas, en ese momento ella se detuvo, varios hombres le entregaron las velas para encender la medianoche que llegaba sin espera, era la dueña y señora del evento, madre del patrón y su séquito cercano, ella se había arrimado a la mesa al ver uno de sus hijos ahí, el baile de las velas sólo danzaba en mi imaginación generando una escena ridículamente peligrosa.

En fracción de segundos la conciencia me alertó sobre el peligroso suelo que pisaba, el tiempo se detuvo y sonámbulo regresé a la silla, de la cual nunca debí levantarme, sin tiempo para pedir excusas, todo cambió y los sucesos vinieron, ahora sí, a gran velocidad, fui regresado a la realidad por el hijo quién se acercó más y me habló en voz baja, sin inquietar a los asistentes ni llamar en lo más mínimo la atención.

- Mire joven, ¿está usted creyendo que puede venir aquí a irrespetarnos? Olvídese de eso, de mi madre no se burla nadie, el hecho de que sea amigo de nuestro apreciado vecino no significa que vaya a tolerar el irrespeto a mi mamá, eso no lo perdonamos.

Buscando claridad en mis palabras, sobre todo, en la mente para reemplazar la confusión y el temor por la luz esclarecedora procedente del interior, le expliqué: - Señor con todo respeto le digo, yo no sabía qué sucedía hasta que aparecieron las velas, fue una mala interpretación de mi parte, creyendo que se trataba de un baile, todo fue muy sorpresivo para mí, le presento excusas por las dudas creadas, su señora madre merece todo mi respeto, le aseguro, yo no soy capaz de ofender a ninguna mujer menos a una venerable madre, en ella veo la mía, una mamá es un ser sagrado, sólo veneración y aprecio me inspira, entiendo su molestia pero usted percibió el hecho, fue repentino y confuso, no hay dudas, con sinceridad le digo me preocupa mucho su reacción.

- No se preocupe joven, lo entiendo porque yo estaba en la mesa con usted, además, no soy tan mala persona, entre comprensión y compasión el hombre agregó que podía estar tranquilo y se perdió en el gran salón rápidamente. Ese suceso precipitó el regreso a la finca de mi amigo y el final de las vacaciones.

La opresión invade y controla

El fenómeno de la agresión consuetudinaria, el maltrato y el daño reiterativo a una persona o comunidad, la opresión injusta y despiadada ha llevado a individuos de mala fe, apoyados en las armas y el dinero, a sustentar una supuesto autoridad, suposición para mí por no responder a orígenes legítimos, justos y dignos, más bien todo lo contrario, indignidad, injusticia e ilegalidad, símbolos representativos del sometimiento opresivo es lo que significan, así la jerarquía constituya autoridad, ésta, al ser desfigurada por la forma de ejercerla, pierde su real significado.

El acoso escolar empieza por una actitud de hostigamiento, burla y maltrato de los mayores hacia los más chicos, del más grande con todo lo que el término traduce contra menores vulnerables, objetos de bronca permanente, llegando a producir situaciones muy calamitosas conducentes a depresión, desesperación y mengua de la personalidad.

La víctima en medio del sufrimiento no sabe qué hacer, el miedo impide actuar, ni siquiera contar a sus padres o profesores lo que le sucede, entra en una actitud paralizante, el temor congela, la incertidumbre atrofia y oculta la respuesta, presa fácil, veleta que gira hacia el destino del rumbo impuesto, admite que el opresor decida por ella, ordene y obligue, por ejemplo, a engrosar las filas de la nueva esclavitud, una puerta se abre a la desesperación, el sometimiento, el suicidio o la muerte a mano de otros.

El poder de la opresión sobre las personas más frágiles se reproduce de manera sistemática, se empodera, afianza su apetito imperial, mediante las armas y el dominio sobre individuos y regiones, los grupos criminales imponen su agresión infame, hostigan sin control y manipulan a su antojo, invaden la mente y el paisaje para acrecentar el poder territorial.

Verdaderos emperadores modernos, imitan los grandes imperios de lejanas épocas que dieron lugar a guerras mundiales, declaradas, justamente, para detener a los invasores que se apoderaban de países vecinos más pequeños y débiles. En la actualidad algunos ególatras dirigentes sueñan revivir esos tiempos nefastos, ojalá su ambición sea detenida a tiempo.

Los imperios se construyen sobre las cenizas y la sangre de personas y pueblos sacrificados, en guerra de elefantes, sostiene la tradición, el que sufre es el pasto, constituido siempre por civiles inermes.

Surgen enfrentamientos que concluyen en guerras motivadas por la codicia y el egoísmo, el afán por multiplicar el control político y armado en zonas de economía ilegal, producción y venta de alucinógenos, microtráfico, minería y otras actividades ilícitas hasta la extorsión, el secuestro, explotación sexual y el vicio, un poder maléfico destruye vidas y esperanzas.

La degradación del ser humano refleja las consecuencias inevitables del desprecio a la vida, reemplazada por el dinero o el poder, la codicia se burla de la libertad.

El fusil y la esclavitud se imponen en zonas carentes de autoridad legítima en las cuales campea la ley del más fuerte, repúblicas independientes donde el opresor somete a comunidades locales a su total poder explotador.

Un grupo ilegal se apodera de determinado territorio, allí no puede ingresar nadie sin su permiso, bandas armadas hacen cumplir su propia ley, todo un proceso de espionaje es ejercido contra infiltrados y sospechosos.

Ejércitos armados, de derecha o izquierda, de manera despiadada ejercen control, producen y distribuyen estupefacientes, exponen al suplicio cruel del autoritarismo infame a poblaciones enteras, imponen la esclavitud, colocan armas asesinas en la mano de campesinos ingenuos y desempleados urbanos, induciéndolos a guerras y actividades nunca buscadas por ellos.

La ley imperante en territorios sin control estatal es una sola: quien no está conmigo está contra mí, premisa imperante en dominantes y dominados, estos últimos convertidos en soldados del patrón de turno, se impone la desconfianza hacia los extraños y contradictores en especial contra autoridades militares, la sospecha es el denominador común.

La persecución amarga la vida de líderes comunitarios y defensores de derechos humanos, esclaviza a quienes no tienen otra alternativa y reemplazan la caravana del desplazamiento obligado por el sometimiento a la ignominia.

La sanción no es a medias, la seguridad, para el explotador no puede dejar dudas, no hay espacio para el enemigo, todo está controlado, se persigue hasta la sombra, vidas inocentes sucumben ante la lúgubre sentencia estratégica extraída de ideologías infernales de dejar al pez sin agua para que finalmente perezca de sed, así eliminan injustamente al posible detractor no importando si en realidad lo era, lo que sí importa es crear el miedo e infundir la sensación de poder irrebatible, el sanguinario asegura su régimen de terror castigando el mínimo descuido que pueda abrir las puertas al enemigo.

Una luz en la noche oscura

Bajando de la cordillera nos encontrarnos con ese mar verde que forma la llanura oriental, a su lado unos pequeños pueblos ubicados en el pie de monte, a ellos fuimos un grupo de profesionales de la capital con el fin de inaugurar varias construcciones para escuelas y centros de salud, dentro del programa de obras sociales que ejecutaba la empresa en la cual laborábamos.

En la parte alta de la zona rural del primer municipio visitado realizamos el evento inaugural que recibió alborozada la comunidad campesina: una hermosa edificación para albergar a los estudiantes y otra, igualmente bella, en medio del frondoso verde, ofrecía desde ese momento los servicios de salud.

Descendimos luego a la zona urbana, en la primera calle vimos una cafetería y entramos a ella, no sólo café vendían allí, también cerveza y licor, adicional a ello buena música sonaba a todo volumen en una antigua rockola, para escuchar una canción se depositaba una moneda, todos oímos la melodía de nuestro agrado después de darle comida al traga níquel, la cerveza nos quitó la sed provocada por el sol en una zona de alta temperatura, departimos un buen rato con el propietario, persona amable que se ganó nuestra amistad, le prometimos volver.

Antes de continuar nuestro periplo por otros municipios los dirigentes locales nos convencieron de regresar por la noche ya que estaban en fiestas cívicas para recolectar fondos con destino a obras sociales. Con el propósito de alcanzar el regreso nuestro, los anfitriones, despacharon dos carros con sendas delegaciones para hacernos compañía.

Efectivamente, estuvimos de regreso al concluir la tarde, de una vez nos instalaron en la mejor discoteca del pueblo, propiedad de uno de los miembros de la delegación acompañante en el viaje a los municipios vecinos.

Pasaron las horas muy rápido en un cálido ambiente de música y fiesta, además de magnífica atención de los anfitriones con los profesionales de la capital, responsables de la gran labor altruista, mis compañeros aceptaron invitaciones a pueblos cercanos y a la ciudad principal de la provincia, yo me quedé a instancias del propietario de la discoteca quien aseguró, a mis amigos, cuidarme y conseguir hotel cuando quisiera irme a dormir, lo que le solicité a las once de la noche. Envió un empleado conmigo al único hotel del pueblo, las cuatro habitaciones de que disponía estaban ocupadas, lógico en un día de ferias con muchos visitantes provenientes de otros lugares.

El acompañante buscó otras alternativas, al no hallar ninguna me recordó su trabajo, - yo tengo que regresar a la discoteca, ¿qué hacemos? Le indiqué el sitio donde estuve en las horas de la mañana, me dejó allí y regresó a su labor.

- Señor, ¿usted se acuerda de mí? Hoy estuve aquí con otras personas de la capital, con estas palabras saludé al propietario, quien lo confirmó al instante, amablemente me ubicó en una mesa y me sirvió una botella de aguardiente, advirtiendo que no había problema alguno si quería quedarme ahí, los bares estarían abiertos hasta el amanecer por disposición de la alcaldía, le agradecí su atención después de la promesa de protegerme en caso de ser invadido por el sueño.

Al contrario de eso, estuve muy despierto, las circunstancias me obligaron a mantener los ojos abiertos, permanecí muy atento a los sucesos mientras consumía mis aguardientes, la noche se prolongaba, el amanecer parecía no llegar.

- ¿Señor, me puedo sentar con usted? Si, bienvenido, le respondí. Necesitaba compañía ya que las únicas personas presentes en el bar, fuera del administrador y yo, era quien me hablaba y dos compañeros de su mesa.

- Qué bueno que me haga compañía, le dije. Pedí una copa y le ofrecí un trago de aguardiente, brindamos por el calor de la amistad, necesaria en tan desolada noche de pueblo extraño y circunstancias confusas. Seguidamente me dispuse a escuchar atentamente lo que traía su mente.

- Señor usted está en un sitio muy peligroso, yo sé que usted no es de aquí, tampoco de la región, pero solo al verlo estoy seguro de que es una buena persona, por ello no dejaré que le suceda nada, primero tendría que pasarme a mí, esa es la razón que me condujo a su mesa.

Le di los agradecimientos y brindamos con un trago más, así se pasaron los minutos, luego me invitó a compartir con sus amigos en su propia mesa, insinuación imposible de rehusar dadas las condiciones de desventaja en que me encontraba, primero por la iniciativa de él mismo de sentarse conmigo y ofrecerme su amistad protectora y segundo, porque la soledad me haría más vulnerable, su compañía ya era una necesaria relación, indispensable e imposible de romper en ese momento, todo apuntaba al poder de su decisión.

En la nueva mesa las circunstancias cambiaron de color, los dos compañeros de mi amigo no mostraron ningún interés ni atención alguna hacia el recién llegado, escasamente me saludaron con un simple hola, no hubo preguntas sobre mi procedencia ni lo que hacía en el lugar, parecía no interesarles en absoluto lo que quisiera decirles, siguieron conversando de sus asuntos sin tenerme en cuenta.

Uno de los personajes me llamó mucho la atención: era el que más hablaba y lo hacía con la tonalidad de un jefe, el que manda y espera afirmación a sus comentarios y risas cuando él ríe, no importa la calidad del chiste o el significado de la conversación, de su jefatura no había duda alguna, a pesar de su apariencia diminuta imponía su autoridad, sus pies descalzos, pelo largo colgaba a sus espaldas y un poncho delgado sobre el cuello, nativo con gran personalidad, era el eje de la reunión.

Yo me limitaba a escucharlos o iniciaba algún tema de conversación con el responsable de que yo estuviera en esa mesa, muy pronto fuimos los únicos ocupantes de ella, de los otros dos no supe más hasta que decidí ir al baño. Lo visto allí y la conversación que escuché era para salir corriendo, pero de nada me hubiera servido, no sabía a dónde ir.

- No hagas eso hoy, por favor no lo hagas, le pedía el otro compañero de mesa al nativo, éste tenía un cuchillo grande en la mano, sostenida por su amigo mientras le suplicaba algo.

La ubicación de ellos obstruía mi paso al orinal, lo único que se me ocurrió en ese momento fue poner mis manos en el hombro de cada uno de ellos y abrirme paso al momento de decirles: - perdón, por favor se corren un poco, voy a orinar.

Les di la espalda sin inmutarme por lo que pasaría, ellos se retiraron y, ¡oh sorpresa¡, al ir de nuevo a la mesa solo estaba mi amigo de la noche.

No hablamos más de sus dos acompañantes, solo confirmamos que se habían ido cuando salieron del orinal, mi temor fue demoledor, quería que una nave espacial me sacara de allí, ya casi amanecía, pedí, a quien se convirtió en mi salvador, llevarme a donde pudiera conseguir transporte hacia la ciudad principal de la provincia.

¿A quién iba a matar esa noche el hombre del cuchillo? ¿Si era yo el candidato, por qué se abstuvo? ¿De dónde saqué fuerzas para actuar tan fríamente que lo hice cambiar de plan? ¿O todo esto fueron simples conjeturas mías? Nunca tuve con quien aclararlas, no las comenté con los compañeros de viaje al encuentro con ellos en la gran ciudad.

En el matoneo sufren todos

La víctima requiere apoyo

La situación provocada por el matoneo configura estados de agresión constante, destruye relaciones y opaca la personalidad, disminuye la capacidad para enfrentar la confrontación del peligro, debido al efecto destructivo de la amenaza y el hostigamiento. Los difíciles momentos por los cuales atraviesa la víctima conducen a tormentos insoportables y reacciones imposibles de controlar, esas emociones desequilibrantes es preciso analizarlas una por una, en la medida que se vayan presentando. En el caso de los niños y adolescentes, los padres y educadores deben ayudarles a sobreponerse, despertando actitudes valerosas y efectivas ante el enfrentamiento desigual, soluciones que siempre están a la mano, pero ocultas ante la impotencia creada por el dominio mental ejercido por el maltratador.

El miedo, primera situación de tensión para el niño frente a su opresor, pudo haber sido inducido desde el hogar en el trato familiar proveniente de padres y hermanos mayores, al crear en la familia un ambiente de maltrato y opresión lleno de amenazas, represalias y castigos, también en la escuela cuando el niño se enfrenta a profesores maltratadores. Impotente por la incapacidad física, su debilidad y estado vulnerable, el menor, no puede defenderse por sí mismo, clama a gritos protección y apoyo, su frágil personalidad se arropa bajo un escudo temerario, la timidez será la respuesta, actitud aprendida, ante las situaciones difíciles dentro y fuera del hogar.

Es necesario desarrollar el coraje alimentado por la prudencia, en el seno hogareño, construir atmósferas de confianza en sí mismo, de valor, por consiguiente, el niño, no acudirá al miedo, no brota de su interior al no ser la emoción dominante, el subconsciente le hablará de soluciones no de limitaciones, tampoco de golpes.

Sin necesidad tampoco de proceder al ataque físico, desconocido por no ser usado en casa ni en el plantel educativo, sin temblar ni congelarse de pánico, usará su mente despierta, la razón despejará el camino conducente a la petición de protección o auxilio: acudir al profesor, la autoridad o los padres, denunciar sin temor a las consecuencias que pueda generar la delación, correr como estrategia con el propósito claro de buscar respuesta y poner fin de una vez a la agresión, armado de valor sereno portador de la razón, arma que deben aprender a usar los humanos desde la cuna.

Para los traumas que produce el matoneo practicado por el opresor violento es importante el consuelo que despierta la esperanza y permite el uso de la inteligencia emocional para encontrar la salida, la vida presenta las dificultades pero también dispone de soluciones a las mismas, la naturaleza vive en equilibrio, lo importante es conservar la calma, aprender a vislumbrar la mente concreta encargada de decisiones, no dejarse llevar por la incertidumbre, el caso de no saber qué hacer: ¿le cuento a mi papá o guardo silencio? ¿Le informó al profesor o no? ¿Acudo a mi hermano, a mis amigos para que me defiendan u oculto lo que está sucediendo? Esa vacilación es agobiante y no deja abrir la puerta a la fuerza salvadora. No caer en la mansedumbre y la incapacidad de decir no, poner límites, sobreponerse a la debilidad y a las dificultades, ser capaz de mirar a los otros de frente.

En la medida que evitemos ser subyugados y amilanarnos ante la fortaleza del otro, más poderos y fuerte, detendremos a tiempo la opresión. Tener la capacidad para oponernos a la actitud del agresor y hacerle entender que, por dictador y fuerte que sea, no estamos de acuerdo con su manera de actuar, a su vez evitar confrontaciones con él, diferentes a argumentación razonable y, de todas maneras, que el joven o el niño que está sufriendo no se sienta solo, así va a tener la suficiente capacidad para frenar el atropello sin llegar al estrés que sería lo más preocupante.

Al mantener abiertos los canales de comunicación con el menor éste llega a entender su pertenencia a un equipo dispuesto en todo momento a preservar su integridad, sin caer en la sobreprotección excesiva que lo incapacita. La compañía de padres, educadores y mayores constituye la mayor fortaleza para desarrollar autoconfianza superadora de los obstáculos puestos en el camino por el perseguidor, la víctima emerge del fango de la depresión y cierra la entrada al abatimiento y desesperación al sentir que no está sola en la lucha contra el mal representado en la crueldad enemiga.

No permitir que una situación agobiante lleve al menor a la renuncia y a la pérdida del deseo de vivir, el entusiasmo y la expectativa de vida siguen latentes si ofrecemos oportunidades mejores, más bellas, tranquilas y en paz, a ellas tiene derecho y puede acceder si analiza con discernimiento los posibles errores que han facilitado la acción destructiva del otro y forjarse proyectos de vida, enfocar su atención en ellos y olvidar los malos tratos.

Cuando no puede hacerse nada a tiempo, si llegó la complicación y la situación entró en crisis, nos enfrentamos a una condición emocional muy difícil, pero no imposible de vencer, inculcar la fe que fortalece al sacar del pasado enseñanzas para no volver a caer, todo problema tiene solución por grave que sea, efectivo mensaje a la sufriente víctima. Los simples miedos se han transformado en pánico, terror y pérdida de control, la impaciencia al no ver pronto la salida y el deseo de morir aumentan el caos, traumatizan, provocan el desmayo y pérdida del sentido.

Es una crisis y como tal es necesario tratarla con el apoyo del equipo externo, asistir al individuo indefenso para salvarlo e infundirle la convicción de superar la amenaza, afirmar su resiliencia superadora para lograr sus expectativas de vida concentrado en ellas para empezar el cambio.

No dejar al menor solo ni a ningún sujeto de maltrato, estar siempre pendientes del niño cuando llega a casa y manifiesta que no se siente bien, este es el momento oportuno para el consejo y consuelo, dispuestos para escucharle, de esta manera evitamos que llegue a estar mal, creer su mensaje, darle confianza y valor, defenderlo a tiempo, orientarlo, abrirle el camino y recorrerlo juntos mientras pasa la tormenta y aprende a defenderse por sí mismo, que perciba la cercanía, saber que tiene amigos aclara su visión, despierta la esperanza y no cae en la amargura de la auto victimización.

Prisionero del odio

El otro protagonista de la película del matoneo, el victimario, es un prisionero del odio, irriga en su agresión constante el veneno que invade su interior, ahogado en él se obliga a emitir, como un volcán en erupción, toda la malignidad que ha consignado su alevosía, indignidad que lo daña a él mismo por no estar en capacidad de amar, emisión alimentada por los deseos de venganza, envidia, ira y celos, razón para considerarlo víctima de la emoción negativa, del odio en su dinámica constante.

El odio no es superable con más odio, sólo la luz amorosa desplaza esa sombra nefasta, el agresor vive en la oscuridad olvidado de la luz, no la reconoce, incapaz de mirar al sol de frente, fuente inagotable desconocida e insoportable para el representante de la sombra, cada vez se hunde más y más en su pozo de maldad. Con el paso de los años las capas emocionales del victimario aumentan el bulbo de agresividad y maldad, esas capas hay que irlas desprendiendo una por una hasta encontrar la bondad que, en su interior, todo ser humano esconde.

A pesar de saber que cualquier individuo, por maligno que sea, encierra en sí mismo un corazón que no lo deja ser totalmente malo, con el subconsciente esperanzado de alcanzar su corrección y enderezar el camino, es más fácil inculcar el amor en los primeros años, en niños y adolescentes, en su formación hogareña y escolar, los padres y educadores tienen en sus manos la oportunidad de crear seres amables y buenas personas, defensores de la vida, propia, y de otros seres humanos iguales a ellos y a cada uno de nosotros, vida humana por la cual debemos estar agradecidos, constatarla en nosotros y en nuestro prójimo constituye el milagro de cada día.

Al desarrollar personalidades bajo el auspicio del amor, formamos seres capaces de asumir actitudes positivas en la búsqueda de mejores elecciones en cada momento frente a todo tipo de eventos, esto expresa una personalidad constructiva, predispuesta a alcanzar la autoridad sin necesidad de acciones dictatoriales e inflexibles, lograr el éxito sin pisotear la dignidad del prójimo.

Se requiere cuidado y atención cuando tratan de aparecer manifestaciones autoritarias en los niños, corregirlos en forma oportuna, indicar la existencia de otras formas de ganar autoridad y prestigio sin sometimiento, actuando como un sátrapa dictatorial, desconocedor del dialogo, incapaz de aceptar reproches o réplicas a sus decisiones, limitándose a imponerlas en forma autoritaria, la corrección fortalecida con el buen ejemplo es más efectiva.

La autoridad sin amor es imposición drástica, orden inapelable y con sanción para quien no está de acuerdo, el amor es básico para evitar que se mezclen el autoritarismo y el odio, la actitud amorosa se manifiesta en el respeto al otro sin importar la edad, recién nacido, joven o mayor, la autoridad verdadera expresa liderazgo capaz de adorar la vida en el respeto hacia el ser humano, el cual constituye un espejo que la vida nos sitúa al frente para vernos y descubrir en él nuestras propias virtudes y defectos.

El principio vital obliga adorar la vida donde se encuentre, en el niño, en la pareja, en los relacionados, en la convivencia en general, en todos los seres vivos incluidos los animales y plantas, inmerso en cada uno de ellos, es la vida misma en su más ferviente manifestación, indicadora de que nunca debemos provocar el sufrimiento a ninguna de sus expresiones.

El principio unificador solo debe ser transformado en bienestar con acciones que no atenten contra la unidad, desarrollar la compasión, es decir situarnos en la posición del otro y nunca hacerle daño ni auspiciar a quienes lo hacen, vinimos al mundo, todos, en plural, a ser felices no a sufrir, el paso por el planeta que habitamos es corto, un subconsciente virtuoso promueve alegría consciente alrededor.

El cáncer de la sociedad constituido por el odio es alimentado también por la intolerancia, derivada del fanatismo y sectarismo político o religioso o a una forma de proceder, el género o la raza son fuentes a las que el victimario apela para acentuar su agresión fanática y ver en el comportamiento ajeno sólo defectos, no una forma de ser tan respetable como la suya.

En el irrespeto y falta de consideración, el intolerante, fortifica su crítica mordaz a la actuación ajena, considera que sólo su propio proceder está bien, los demás están equivocados, se le olvida que somos espejos uno del otro, si yo espero tolerancia y respeto debo aprender a tolerar y respetar las ideas y opiniones ajenas, otra forma de actuar mientras no me atropelle es respetable y bienvenida, no hay razón para reprocharla, esa forma diferente de actuar me lleva a ascender un escalón más en la empinada cuesta del conocimiento.

La vida es una sola, un éter que trasciende por el universo merecedor de respeto y acogida sin importar razas, costumbres, tendencias sexuales, condiciones económicas, sociales o clasificaciones por edad, género, gustos o cualquier consideración.

Este criterio debe crecer de forma simultánea con la persona y, así como se quitan las hojas secas de las plantas, el matoneo debe eliminarse de nuestra vida al momento de aparecer, cohonestar con él a nivel familiar o social es alimentar el virus que nos consume, una fruta podrida hay que separarla para conservar la pureza del resto.

La tolerancia, la flexibilidad, el amor y la compasión son las mejores herramientas de la convivencia, su implementación es el camino efectivo contra el hostigamiento dañino.

Los niños que crecen con estas virtudes vencerán fácilmente la tendencia agresiva una vez surja en ellos, aunque no debería suceder si el ejemplo adulto es bondad y virtud, somos fruto de la herencia y la experiencia, alumnos del mundo y su enseñanza. Los niños aprenden del ejemplo, la palabra amable enciende ambientes amables y sus llamas de gratitud ahuyentan la agresión.

Este tipo de comportamiento en el hogar acompañado de la paciencia que espera y no se desespera por el paso del tiempo, sobre todo del ajeno, conserva la serenidad y la calma, todo tiene su tiempo: el semáforo, el desayuno, la petición en la oficina, el restaurante requiere tiempo para cumplirse, concepto fácilmente entendible por la paciencia y comprensión humana.

Unas personas son más lentas, más parsimoniosas y otras más precipitadas, entender el manejo del tiempo y el espacio evita la irritabilidad que confluye en acciones altaneras u ofensivas, los autoritarios, dictatoriales y agresivos son irritables, no esperan, rechazan la lentitud, no conceden descanso, maltratan por ello.

El polo opuesto de la irritabilidad es la paciencia, impulsemos esta actitud cuando los símbolos de la primera aparecen, es importante implementar la calma en los niños, la pareja, empleados, trabajadores, los miembros del equipo humano compartido, en todo momento hacemos honor a la existencia si aprendemos a vivir en función del tiempo y el espacio, parámetros que deciden y modifican la existencia.

Otra consideración importante que debemos tener en cuenta al hablar del victimario es que su odio constante manifestado en la necesidad de hacer el mal es una consecuencia del resentimiento y la amargura por complejas relaciones anteriores, aflicciones o tormentos del pasado, una infancia infeliz, por ejemplo, castigos y ofensas que aún no ha podido perdonar. Heridas remotas reflejan su actitud, auto victimización que se expresa en acciones vengativas por la incapacidad de enfrentar sus propios fantasmas, falta de perdón por vivencias ingratas que atrapan e inhiben su evolucionar, no disfruta el presente, la úlcera del rencor no sana, al infligirse, él mismo, su tormento, se niega a vivir y ser feliz, disfrutar ese derecho que nadie puede quitarle, sólo él mismo en su falta de perdón, el individuo rencoroso y amargado se suicida lentamente.

El amor y el perdón unidos constituyen el mejor antídoto contra el odio y el resentimiento, propios de toda agresión, expresión del miedo, algo paradójico pensar que el victimario sufra de miedo, pero así es, la diferencia con la víctima es que mientras ésta huye, el otro ataca, su desconfianza por la venganza de las atrocidades cometidas le muestran el enemigo hasta en la sombra, convencido de que la mejor defensa es el ataque sigue su accionar maltratador.

Ahí radica el papel de la educación si queremos formar buenas personas: inculcar en el menor el amor, la tolerancia y la gracia del perdón.

El perdón es una exquisita herramienta que borra las heridas del cuerpo sutil, el sufrimiento es una decisión personal, sólo uno mismo puede graduar el termómetro interior y decidir entre el efecto negativo de los hechos de ayer y el merecimiento a ser feliz hoy, disfrutar la belleza de cada nuevo amanecer, expresar gratitud por la vida, salir de la caverna y disfrutar la luz del astro rey.

Tres virtudes para ser feliz

1- Amar es respetar la vida

El respeto a la vida, no sólo la mía, la de todos, es la premisa fundamental de la existencia, somos un único cuerpo llamado humanidad, lo que afecta a alguien atenta contra el conjunto integral del cual hacemos parte.

El amor es sinónimo de vida, inherente a ella, su génesis y razón de permanencia, al surgir la vida humana en el vientre de una madre se origina la más bella expresión amorosa representada en la entrega total al bienestar del nuevo visitante, la alimentación a través de la sangre materna, el cálido lecho, la respiración y la temperatura constituyen entrega integral de un ser al servicio de otro, la protección y el cuidado al recién nacido aseguran la vitalidad de su cuerpo, la estabilidad de su mente y la felicidad espiritual, auténtica enseñanza del amor, entregada por la creación con el mensaje expreso de cómo debemos cultivar y proteger la vida.

La etapa intrauterina imprime en la personalidad en formación el sello infalible del amor, primer aprendizaje humano, percibido en las impresiones externas en comunicación vibracional sublime, aunque imperceptible para los demás seres del entorno, somos los responsables de asegurar el mensaje de amor mediante el buen trato, respeto y apoyo durante esta época a la depositaria de la vida en gestación, se adquiere así el primer conocimiento, el amor es el instinto básico de la vida intrauterina.

El alimento del amor promueve sociedades sanas, su noble efecto se manifiesta en la capacidad de comprender al prójimo, entender su comportamiento y aceptarlo, tolerarlo y no impacientarnos ante sus limitaciones.

¡No será esta la forma genuina de ganar respuesta igual hacia nosotros?

Sin mucho esfuerzo podemos descubrir el ser bueno y generoso residente en nuestro interior dispuesto a construir en lugar de destruir, reducir los malos deseos para dar paso a una apertura generosa y tierna hacia los demás, la bondad, compartiendo la vida en armonía.

Somos amor puro, es nuestra esencia, basta ser consciente de ese privilegio sagrado, aceptar su existencia en el propio campo gravitacional individual y empezar a emitirlo desde nosotros mismos, círculos concéntricos con un eje central confundido con el propio ser, donde estoy empieza el amor y se difunde en todas direcciones.

Las ondas concéntricas del amor, el propio yo como epicentro, pueden mantenerse en plena producción transformado en nuestro arte de vivir, practicado en el hogar entre padres e hijos, entre hermanos y el entorno, el amor filial, el amor de hermanos, constituye los lazos atrayentes de la práctica social en armonía, el hogar es la primera célula de la colectividad.

El amor existe en la inteligencia, listo para dirigir la actuación humana, la más hostil y sanguinaria personalidad puede acudir a él, todos somos navegantes del océano del amor, originario y gestor de vida, navegamos en aguas de ternura y generosidad dispuestas para bañarnos de bondad, despertar la sensibilidad intrínseca del niño interior y ordenarle a la cabeza que nombre de comandante al corazón.

2- El perdón libera

La personalidad que perdona alcanza una sensación de paz y calma singulares, disfruta del mejor elíxir para saciar la sed de venganza, un antídoto contra el veneno del odio, al perdonar nos liberamos de las cadenas esclavizantes que nos atan todo el tiempo con el indeseado objeto del rechazo y los malos recuerdos de acciones dañinas, logramos salir del abismo oscuro del pasado triste y doloroso, abrimos los ojos a la claridad del presente con su enseñanza y crecimiento.

Vislumbramos fácilmente la senda del paraíso al liberar y perdonar, desatamos los nudos que ahogan e impiden inspirar el efecto puro de la paz, la victoria es doble, primero en nosotros mismos al dejar libre de veneno a nuestra propia conciencia, de manera simultánea quitamos un gran peso al conquistar de nuevo la amistad, el espíritu se apacigua al soltar pesados fardos de carga inútil y dañina, segundo, el sujeto perdonado, liberado del potencial enemigo, puede reemplazar el escudo protector por la mano amiga de la reconciliación,

El perdón crea espacios limpios para ser llenados por el cambio, es decir seguir la vida en su continua disposición para acercarnos a la belleza, antes imposible de percibir en una mente enceguecida por los malos sentimientos.

El primer ganador es quien perdona, al desechar la amargura interior dispone su energía para causas más nobles y dignas dispuestas por la naturaleza para seres humanos inteligentes, mientras el otro descansa al saber que ha sido retirada la daga que apuntaba sobre él.

El ambiente de paz que disipa antagonismos es creado gracias al perdón latente en los bandos opuestos a la espera de ser usado en beneficio común, en la intimidad del odio reside de manera implícita el perdón sanador, dispuesto a limpiar heridas, basta hacerle una señal desde la interioridad para abrirle campo al nuevo sentimiento.

Cuando perdonamos al otro nos estamos perdonando a nosotros mismos y al liberarlo también nos liberamos, soltamos las pesadas cadenas del recuerdo tormentoso, despejamos el camino y cada persona puede adueñarse de su propio destino con determinación y voluntad positiva, optimista y decidida. No debemos buscar culpables externos de la precaria situación, sin que esto signifique indignidad, sumisión o falta de amor propio, se trata es de borrar el sentimiento negativo y seguir con la cabeza en alto, indiferentes ante la persona que nos hirió, negarle la oportunidad de volver a hacerlo es más fácil lograrlo con el perdón que con la amenaza.

La virtud de encontrar el lado amable de la vida nos mueve hacia el interés y el respeto, a gozar la existencia en solidaridad con los demás y vivirla en su propia alegría olvidando ofensas, limitaciones y fracasos.

El acto de perdonar no solo limpia el sentimiento vengativo hacia victimarios, quita cargas a sí mismo y puede reflexionar y entender que si el ofensor no merece el perdón al menos yo, el ofendido, si tengo derecho a disfrutar la paz que surge cuando el resentimiento cesa.

Liberar mediante el perdón a reales victimarios afianza el futuro deleitado en un presente alegre y compartido, gratifica las enseñanzas y experiencias acrecentando las mejores expectativas, aprende de las experiencias difíciles, y, ante todo, festeja con alborozo la chispa de la vida.

El sol brilla para todos, también la lluvia y las pandemias a la humanidad alcanzan, las estaciones, rechazadas o aclamadas, a todos nos afectan para bien o para mal, algo relativo en su momento pero estrictamente necesario para el equilibrio de la naturaleza, un giro en nuestra mirada interior agradece sin olvidar y perdona al recordar, las virtudes y los defectos hacen parte de la temperatura emocional propia del universo humano.

Mientras el amor es la medicina milagrosa que sana todas las heridas, el perdón es un bondadoso ciclón que aleja los temores y las malas intenciones, al actuar juntos crean el reino de la gratitud.

Dar gracias por todo

El vehículo del amor me condujo a la paz del perdón y aparecí flotando en el cielo de la gratitud. ¡Qué bueno es agradecer y estar agradecido! Sentir la abundancia y la prosperidad dispuestas para nuestro beneficio, vibrar con el corazón e iluminar nuestra mente, divisar una vida llena de motivos para interpretar nuestra experiencia con una sola palabra: gracias, término mágico que agranda nuestro espíritu al expresarlo y nos llena de luz al recibirlo.

Al agradecer o recibir las gracias se crean condiciones especiales, al universo le gusta la gratitud y al expresársela nos retorna más motivos para continuar agradeciendo, a la grandeza universal le fascina el reconocimiento, cuando agradecemos de nuevo el proceso se repite y el bienestar prospera, dar algo y recibir a cambio la gratitud expresa la importancia de lo hecho, significa que nuestra acción no se produjo en vano, fue bien recibida y valorada, puerta abierta, entrada y salida de gratitud y acciones positivas.

Doy gracias por los alimentos, la digestión y el metabolismo, por las funciones de mi cuerpo y de mi mente estoy agradecido, doy gracias por los recursos que la naturaleza me brinda al retribuir con creces mis expresiones gratas

Abrir los ojos en la mañana, respirar y sentirse vivo constituye el mayor regalo, maravilloso escenario espera nuestra actuación, la función continúa, las posibilidades son infinitas, una actitud grata nos hace merecedores de más amaneceres similares y al encontrar eco positivo seguirán a nuestro lado, vendrán más y más en una imparable cadena constituida por eslabones de bienestar y gratitud actuando en línea secuencial. La vida será mejor para quien agradece todo lo bueno que le sucede y ante los malos sucesos da gracias por la enseñanza implícita en el error y así no repetir la acción equivocada.

Aprender de los fracasos constituye el símbolo en grado máximo de sabiduría, superar los obstáculos es la gimnasia del sabio, la primera vez que una persona me maltrata es culpa de ella, la segunda es culpa mía, aprender, entonces, merece gratitud.

Todos los momentos del día producen motivos de agradecimiento, el saludo y la sonrisa de las personas con quienes nos cruzamos, el aprendizaje de cada acción experimentada, un estado continuo de gratitud se convierte en alegría, el universo retribuye más razones para conservar el estado grato y transmitirlo a los semejantes, la alegría es contagiosa, el perro con el movimiento de su cola y sus efusivos gestos al reencuentro me dice gracias, la planta al dar su fruto está agradeciendo el abono y cuidado otorgado por el agricultor, el medio ambiente agradece los cuidados con más motivos para agradecerle envasados en bienestar, salud y vida, el universo es una caja de resonancia de la gratitud

Ayudar a los demás es una manera de ser agradecidos, entender la importancia de la luz que brilla desde adentro e ilumina el camino que recorremos, una compañía imposible de evitar, somos el género humano en término singular y el planeta lo abarca todo, la felicidad del recorrido hace más fácil la vida y nos permite estar agradecidos, unos dando y otros recibiendo gracias, la gratitud es una gracia que obra en doble sentido.

Las gracias se dan por la salud y por la enfermedad, el solo hecho de estar vivos es motivo suficiente para agradecer, agradezco la esperanza y la vitalidad de mis partes sanas por la fortaleza que brindan a la parte enferma de mi cuerpo para resistir y restablecerse, la resiliencia es gratitud, agradezco el apoyo de la medicina, de la familia y los cuidadores, gracias por ayudarme a reflexionar y descansar, demos gracias por las partes del cuerpo que no requiere curación, la actitud de agradecimiento contrarresta el efecto dañino de las emociones negativas, abre campo a la salud y aleja el sufrimiento, la energía vital hace de mi cuerpo y mente la autopista de su recorrido.

Todo el tiempo estamos percibiendo razones para ser gratos, es cuestión de enfoque, si nos concentramos en ellas, crecerán y se multiplicarán en el entorno hasta acostumbrarnos a su compañía y con su potencialidad superar las adversidades, no inmersos en los problemas sino en la solución, preparados para amar, perdonar y agradecer.

Gracias por amar y ser amado. Gracias por perdonar y ser perdonado. Gracias por leer este libro y todo el proceso que ello significa. Gracias

Grandeza a nuestro alcance

Quiero responder las inquietudes de los amigos con quienes he interactuado en esta exposición de experiencias de sobrevivencia, aunque individuales exponen la realidad a la que nos enfrentamos todos.

La paz de la nación, de la sociedad, del hogar y en general de la humanidad, requisito básico de la vida en armonía, requiere de buenas personas. La didáctica, la pedagogía y la educación formal e informal deben constituirse en factores de transformación de la personalidad, felicidad práctica integral enmarcada en ética y bondad, pasar de las teorías a efectivas dinámicas de grupo: en la familia, el colegio y equipos de trabajo, inculcarlas con el ejemplo diario.

Después de hablar del matoneo en toda su expresión, de su influencia negativa en la convivencia, de las experiencias y vicisitudes personales, demostrativas de cómo la vida nos expone a los peligros y brinda la oportunidad de superarlos, pude así mismo exponer ante ustedes mis vivencias, descubrí en ellas la importancia de mirar a la sociedad en su conjunto, con sus debilidades y fortalezas, defectos y virtudes, el concepto de unidad es un proveedor de confianza, bastión para sostenernos en los dos polos de la unidad.

El amor, el perdón y la gratitud despejan el camino con el propósito de transformar radicalmente el trato entre los integrantes del grupo social y hacer la vida más digna, un jardín floreciente en la amabilidad de personas agradables, proceso casi alquímico que extrae virtudes de lo malo y transforma lo negativo en positivo en fracción de segundos, un giro de un hemisferio cerebral al otro define todo y genera cambios radicales.

Cuando damos y recibimos amor hacemos de la vida un paraíso, las manifestaciones amorosas constituyen una razón de agradecimiento perenne, perdonamos los agravios al entender que la emoción es de quien los comete, no nuestra, ese sujeto merece nuestra gratitud y consideración por sacudirnos mentalmente para hacer aflorar nuestra virtud, la falta de amor del otro requiere un poco del nuestro, responder sin involucrarnos en la vida ajena es entregar nuestras virtudes de manera natural y auténtica, la autenticidad expresa actitud de dignidad y coraje.

El amor y el perdón construyen estados mentales de paz, relajación y calma, aptos para la meditación, la reflexión y el descanso, manantiales imparables de gratitud y sosiego.

Ser buena persona es un propósito fácil de alcanzar si practicamos el trío de virtudes felices: amor, perdón y gratitud, si las hacemos nuestras en una agradable práctica constante de la ética traducida en buen vivir.

La gratitud debe ser un estado mental constante no supeditado a las circunstancias, el amor, sinónimo de vida, aumenta en cada expresión grata, donde los dos reinan, el perdón surge con facilidad.

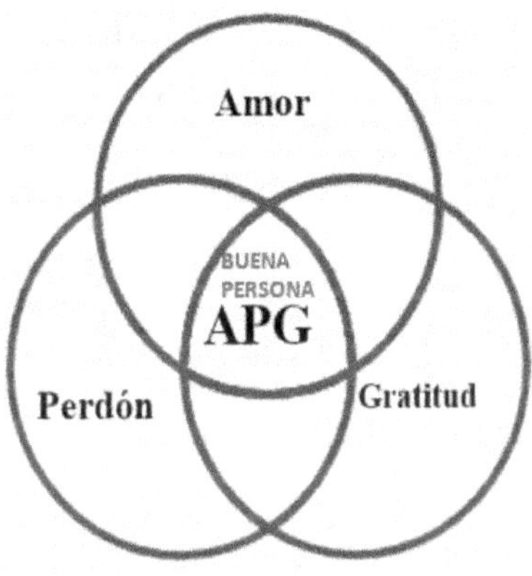

La intersección APG muestra la confluencia del amor, el perdón y la gratitud en un solo lugar, el estado ideal de la personalidad integral contiene a cada uno de los subconjuntos, ahí localizamos a las buenas personas, para serlo no basta con amar, hay que perdonar y estar agradecido.

Una buena persona ama en todo momento y lugar, no importa lo bueno o malo de la situación, así tenga que defenderse de la peor amenaza, la virtud es utilizada en lugar de responder con agresión, en la enfermedad acepta la situación y con amor promueve la sanación y espera confiada la recuperación o la muerte si la vida en esta instancia ha llegado a su fin.

Una buena persona perdona a quien la ofende o causa algún mal, entiende que el odio esa emoción ajena y no tiene obligación de responder igual, la manera de reaccionar es un derecho, una elección, decisión personal secreta, es fácil enrutar su decisión hacia el perdón. Una buena persona dice gracias ante el favor más insignificante o el regalo más pequeño, su actitud es de gratitud perenne, incluso a la adversidad responde agradecida, ve en todo una enseñanza y un don divino al cual es necesario agradecer, su propia vida es una canción agradecida.

La felicidad de las buenas personas alcanza el grado máximo de grandeza humana al ayudar a los demás a encontrar su propio camino de felicidad.

Jesús Helí Giraldo Giraldo
Escritor colombiano residente en Bogotá. Ingeniero
civil, Universidad del Cauca. Instructor Bach
registrado en la fundación Bach de Inglaterra

Libros del autor:

El niño colombiano frente a la crisis
educativa.
Vivienda rural: un desarrollo integral.
Camino a mí ser.
La personalidad: efectos de la infancia.
Sea consciente de su subconsciente.
Semillero de esperanzas.
Guía para la curación con flores de
Bach.
Amor y elogio un canto a las virtudes
de la infancia.
Mi familia Giraldo y Filadelfia.
Flores de Bach y equilibrio emocional
Emociones en la sombra
Más allá de los recuerdos
Equipos humanos exitosos
Luz a la posteridad.

Obstáculo & destino
Luz y sombras
Equilibrio y armonía